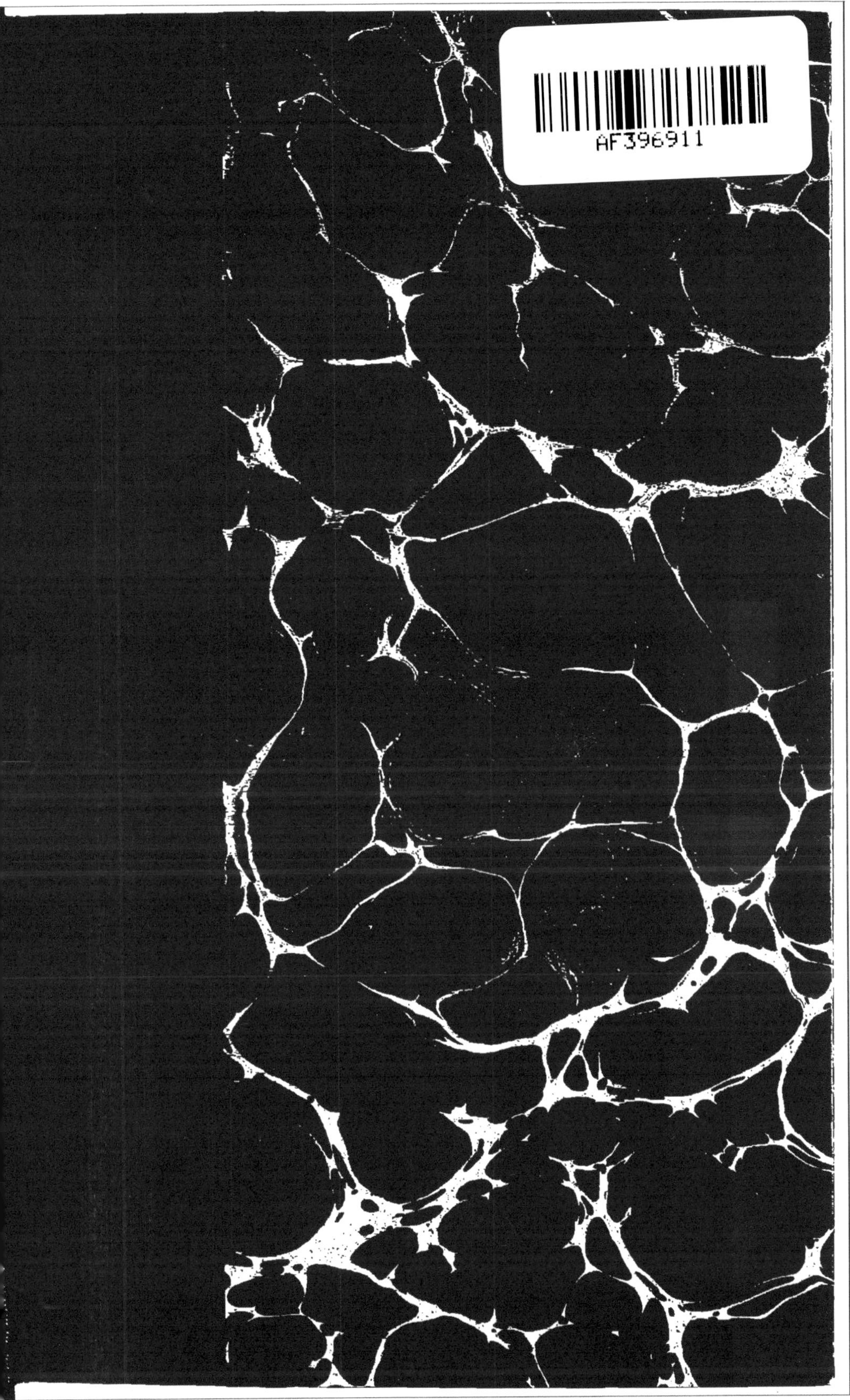
AF396911

HISTOIRE

ANCIENNE;

OU

PREMIÈRE PARTIE

DE

L'HISTOIRE

DES HOMMES.

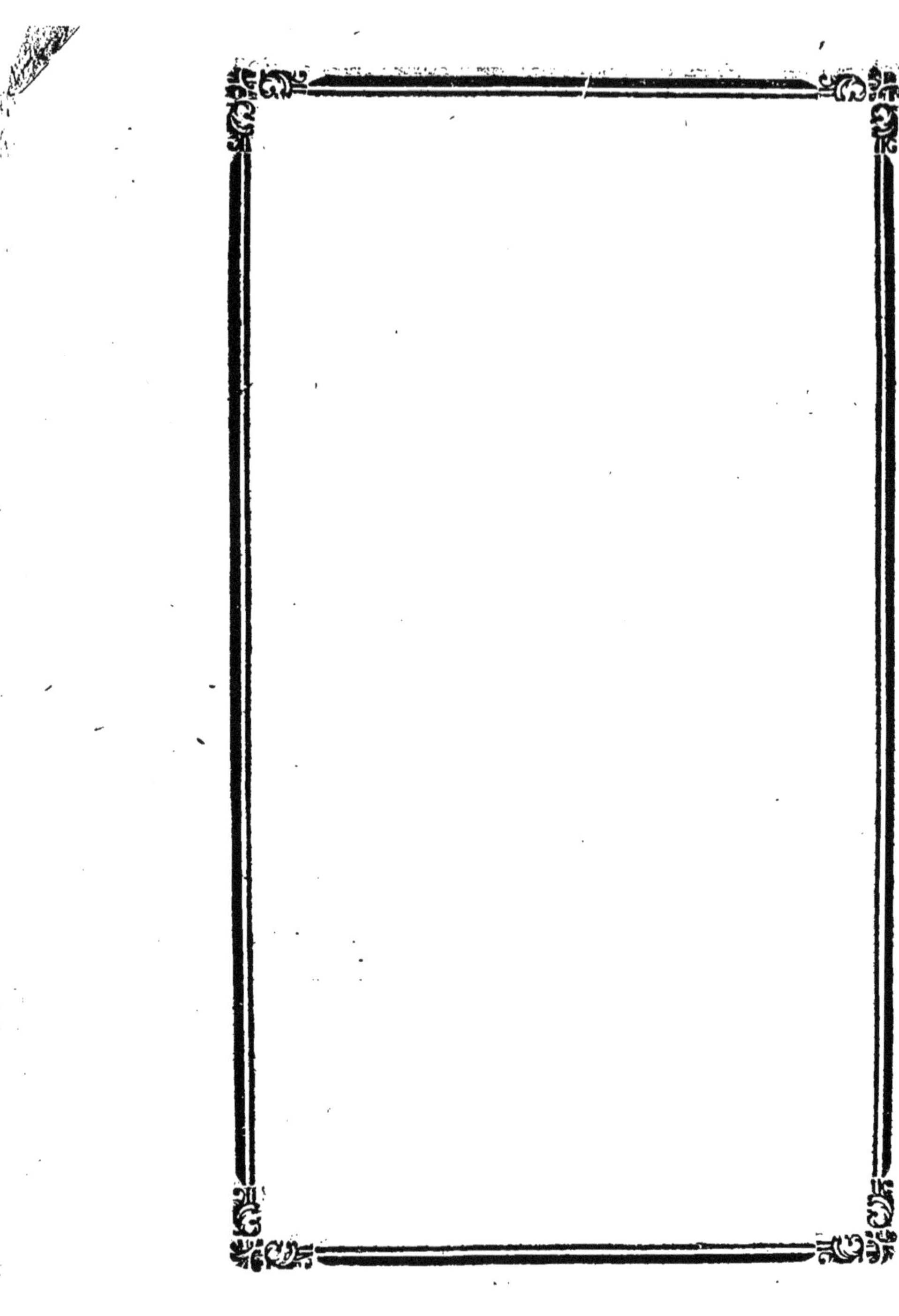

HISTOIRE

DES HOMMES,

OU

HISTOIRE

NOUVELLE

DE TOUS LES PEUPLES

DU MONDE,

PARTIE DE L'HISTOIRE ANCIENNE.

TOME XXVIII.

A PARIS.

M. DCC. LXXXIV.

Avec Approbation & Privilége du Roi.

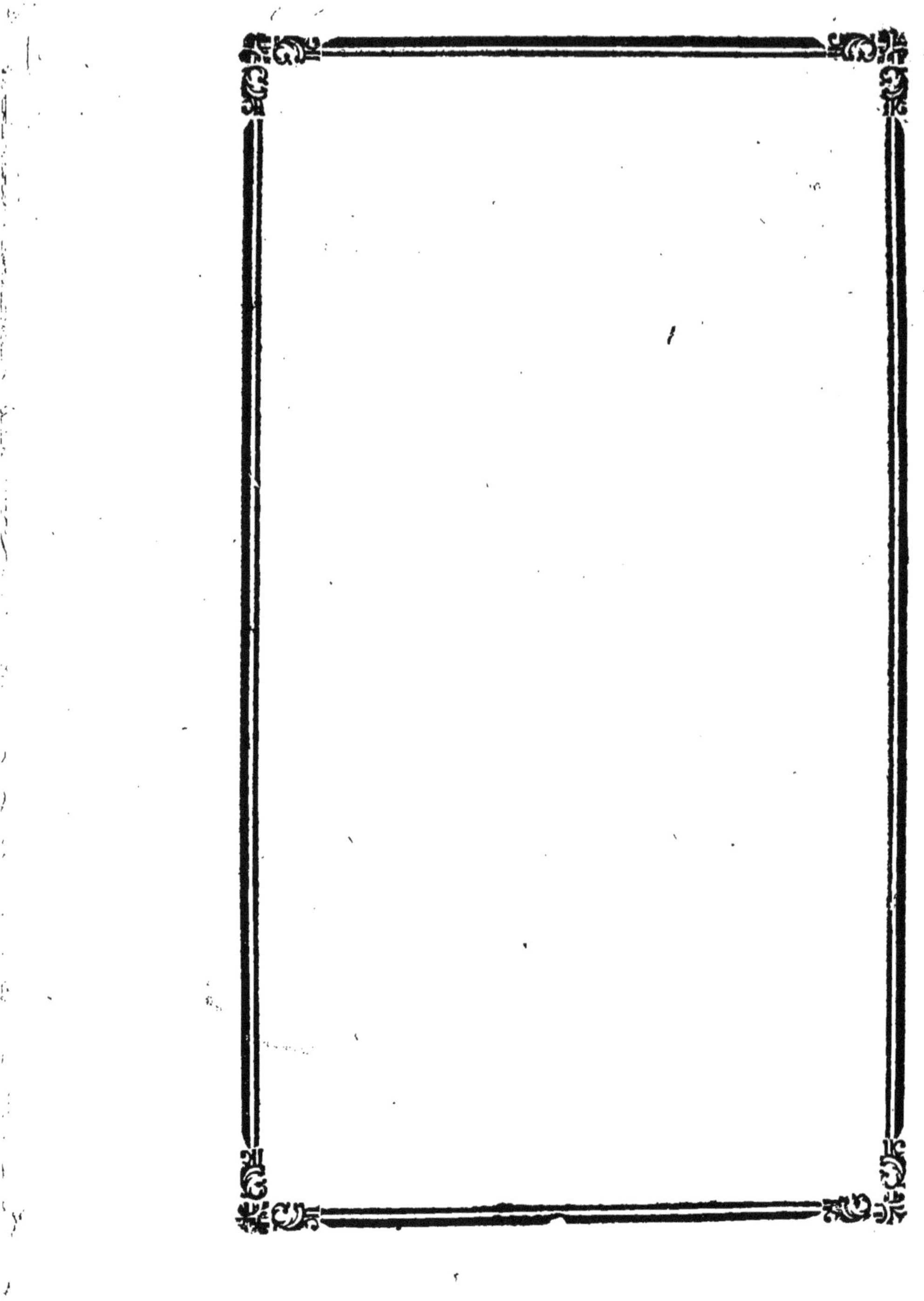

SUITE

DE

L'HISTOIRE

DE

L'ANCIENNE ROME.

RÈGNE DE TULLIUS - HOSTILIUS, COMBAT DES HORACES ET DES CURIACES. DESTRUCTION D'ALBE ET DE SA MONARCHIE (a).

Nous avons vu à la mort de Romulus, combien il était important qu'un Roi

(a) *Dionyſ. Halicar.* lib. 3 à capit. 1. ad 36.

Philosophe lui succédât, pour que Rome se soutînt contre la confédération de tant de Nations rivales, que l'esprit de conquête avait armées contre elle ; mais après quarante ans du règne le plus pacifique, il était temps, suivant la politique vulgaire, que ce Roi Philosophe mourût, pour que les hautes destinées de son Peuple s'accomplissent ; car déjà le caractère belliqueux des Romains commençait à se modifier ; ils préféraient la palme des arts aux lauriers sanglans qu'on cueille dans les champs de la destruction ; ils allaient être heureux & obscurs, pour cesser de vivre désormais dans l'Histoire.

Tullus Hostilius, que la Nation choisit après Numa pour la gouverner, rendit, à sa première direction, ce chêne altier que quarante ans d'effort avaient tenu courbé vers la terre ; ce Prince avait les inclinations guerrières de Romulus. Sa jeunesse,

Tit. Liv. lib. 1. *Valer. Maxim.* lib. 3 , cap. 4. *Aurel. Vict.* en Tull. Hostil.

la vigueur de ſon tempérament, le récit
des triomphes du Fondateur de Rome, les
vains oracles mêmes des Sybilles, tout lui
ſervait d'aiguillon pour mériter la gloire
meurtrière des combats; il dit aux Romains : Vous n'avez plus beſoin d'un Roi,
mais d'un Capitaine ; & les Romains ou-
bliant Numa, vinrent ſe ranger ſous ſes
drapeaux.

Valère Maxime, qui compile, ſans critique, tout ce qu'il rencontre dans les
Ecrivains de l'Antiquité, plus occupé à
étonner ſes Lecteurs qu'à être vrai: Valère
Maxime, dis-je, prétend que Tullus était
à la fois dépourvu de naiſſance, de fortune & d'éducation, & que ce ne fut
qu'à travers les dangers où entraîne une
vaſte ambition à ſatisfaire, qu'il parvint
à la couronne. Cette anecdote eſt plus
que ſuſpecte. Il paraît, par le témoignage
combiné de tous les autres Hiſtoriens de
Rome, que le ſucceſſeur de Numa était
d'une naiſſance illuſtre. Son aïeul, originaire de Médullie, ville de la domination

des Albains, & devenue enfuite colonie Romaine, s'était diftingué dans les guerres qui accompagnèrent la fondation de Rome. Il commandait une cohorte d'élite au fiège de Fidènes ; &, monté le premier fur la brêche, il y avait été couronné de lauriers par fon Général. A la mort de ce Héros, on lui avait érigé un maufolée dans la place publique de Rome, & la vue de ce monument difpofa fans doute la multitude à donner à fon petit-fils la couronne de Romulus.

Dans les Etats où le Peuple élit fon defpote, il eft rare que le Prince, à fon avènement, ne s'annonce par quel-qu'acte de bienfaifance. Celui de Tullus eft très-mémorable, parce qu'il partait de ce principe fublime de politique, qu'un Roi eft toujours affez riche, quand fes Sujets le deviennent.

Romulus, en fondant Rome, s'était réfervé, pour lui & pour fes fucceffeurs, une vafte étendue de terres très-fertiles, dont il avait deftiné les revenus aux frais de la repréfentation & à la magnificence de fa table. Ces terres ne conftituaient point le domaine public ; elles étaient l'appanage particulier du Souverain. Numa, quoique plus jaloux de repréfenter par fes vertus que par un fafte futile, n'ofa aliéner ces propriétés royales ; mais Tullus, fous prétexte qu'il était affez riche par lui-même pour foutenir la dignité de fa couronne, partagea les terres entre les Citoyens pauvres, que jufqu'alors le Souverain avait dédaignés. Ce trait admirable fit oublier un moment aux Sages de Rome que le nouveau Roi était ennemi de Numa & voulait renverfer fa légiflation.

Tullus, à peine affis fur le trône, fongea à la guerre. Mais il ne voulait pas ouvertement enfreindre les traités. Le hafard fervit fa politique. Des bergers d'Albe & de Rome s'enlevèrent tour à tour du bétail, & les Députés des deux Puiffances portèrent en même temps l'affaire au tribunal des deux Rois ; Tullus fit demander une réparation, avec affez de hau-

teur pour s'attirer un refus, & à l'inftant
la guerre fut déclarée.

Cluilius gouvernait alors dans Albe,
& fes qualités militaires faifaient ombrage
au Roi de Rome. Ce guerrier, à la tête
d'une armée affez bien difciplinée pour
le temps, bravait les Romains, & fe dif-
pofait à les forcer dans leurs retranchemens. La veille du jour fixé pour le combat, il fe retira dans fa tente pour y
paffer la nuit, entouré de fa garde ordinaire; mais à la pointe du jour, lorfque
fes foldats commençaient à défiler hors
des lignes, les Officiers-Généraux, qui
venaient lui demander l'ordre, le trouvèrent mort dans fon lit, fans qu'il parût
fur fon corps aucune trace d'affaffinat ou
de poifon. Cette mort, arrivée fi à propos
pour faire triompher le Roi de Rome,
éleva bien des nuages dans l'efprit des
hommes fans préjugé des deux Nations;
mais il ferait auffi trop odieux d'accufer
les Rois de tous les crimes qui leur font
utiles; & il vaut mieux croire, avec

Denys d'Halicarnaffe, que Cluilius mourut parce qu'il devait mourir.

Metius Suffetius fuccéda à Cluilius dans
le pouvoir fuprême, foit avec le titre de
Prince, foit avec celui de Dictateur; les
fentimens, à cet égard, font partagés.
Cette élection convenait parfaitement aux
vues ambitieufes du Souverain de Rome;
car le nouveau Général d'Albe, homme
fans génie & dépourvu du patriotifme qui
y fupplée quelquefois, ne femblait décoré
d'un titre brillant, que pour augmenter la
pompe du triomphe de fon Vainqueur.
Cependant la campagne ne fe termina
pas par une bataille décifive, comme
Tullus femblait l'efpérer. Pendant que
les deux armées étaient en préfence,
Veyes & Fidènes, qui fupportaient impatiemment le joug que leur avait impofé
Romulus, conjuraient pour que leurs
foldats arrivaffent fur le champ de bataille à la fin de la mêlée, & tombaffent
à la fois fur les vaincus & fur les vainqueurs. Heureufement pour Rome &

pour Albe, le complot fut éventé, & les deux Princes fe promirent de refpecter le fang de leurs Sujets, en vuidant leurs querelles.

C'eft ici que l'Hiftoire place la fameufe anecdote du combat des Horaces & des Curiaces, anecdote qui a paru fufpecte à quelques Philofophes, à caufe de l'éloquence de l'Ecrivain à qui nous la devons, comme fi, en Hiftoire, l'éloquence excluait la fidélité : plus indulgens que ces Philofophes, fans être moins amis du vrai, nous allons, pour tracer ce combat mémorable, adopter un moment le pinceau ingénieux de Tite-Live.

Il y avait dans les deux armées d'Albe & de Rome trois frères jumeaux, tous fix du même âge & d'une égale bravoure (a) ; on les nommait les Horaces

____

(a) Denys d'Halicarnaffe donne quelques détails fur la naiffance de ces Héros. Sequinius, citoyen d'Albe, avait, dit cet Hiftorien, deux filles jumelles ; il les maria le même jour, l'une à un Romain nommé Horace, & l'autre à un

& les Curiaces. Tullus & Metius leur proposèrent de se défier en combat singulier, en les assurant que de leur victoire dépendait la destinée de leur patrie. Chaque Athlète applaudit avec transport au choix de son Général ; le traité qui faisait dépendre de ce sang précieux la supériorité du Peuple, que les guerriers représentaient, fut signé à l'instant. On invoqua dans les deux camps les Dieux vengeurs des parjures, & la lice fut ouverte.

A peine a-t-on donné le signal, que les nobles Athlètes, qui avaient entre eux six le courage de deux grandes armées, en viennent aux mains ; quoique sans crainte pour sa propre personne, chacun

---

de ses concitoyens, appellé Curiace. Par un hazard singulier, elles devinrent enceintes toutes deux en même temps, & à leurs premieres couches elles mirent chacune au monde trois jumeaux. — Toutes ces rencontres du hazard qui, sans être contraires aux loix de la physique, étonnent un peu les Physiciens, ne se trouvent point dans le récit de Tite-Live.

d'eux n'était pas fans inquiétude ; car il tenait dans fa main la deftinée d'une Monarchie, à qui il ne reftait que la grande alternative de fubir le joug ou de l'impofer. Dès que les deux armées, qui étaient rangées chacune devant leurs retranchemens, entendirent le cliquetis des armes, dès qu'elles virent briller les épées étincelantes de leurs défenfeurs, il y eut par-tout un long & formidable filence. Chaque fpectateur friffonnait ; & quoique l'efpérance d'abord fut égale de part & d'autre, tout le monde femblait avoit perdu la refpiration & la voix.

Cependant le combat s'engage. Bientôt ce n'eft plus le mouvement des corps & le cliquetis des armes qui fixe les regards ; les Athlètes fe bleffent ; on voit leur fang couler, & deux Romains expirent aux pieds des trois Albains qu'ils avaient bleffés. Leur chute fait jetter un cri de joie à l'armée d'Albe : celle de Rome perd tout efpoir, & cependant s'intéreffe encore pour le feul défenfeur qui lui refte.

Déjà les trois Curiaces l'avaient environné : heureusement il était sans blessures ; ainsi, plus fort que chacun de ses ennemis, mais trop faible contre eux tous, il s'écarte pour les diviser. Il se persuadait, avec raison, que les trois Albains ne le suivraient qu'en proportion des forces que leur laissaient leurs blessures ; déjà il était un peu éloigné du centre de la lice, il se retourne & voit ses adversaires séparés par d'assez grands intervalles ; il fond alors avec vigueur sur le plus proche ; & tandis que les Albains criaient aux Curiaces de voler au secours de leur frère, le Romain, vainqueur de son ennemi, court à un second triomphe, s'élance sur l'autre défenseur d'Albe, avant que son frère puisse l'atteindre, & le fait tomber à ses pieds.

La fortune semblait se partager, puisqu'il ne restait de chaque côté que deux Combattans ; mais il s'en fallait bien que tout fût égal du côté des forces & de l'espérance. Horace, sans blessure & fier de sa double victoire, se flattait de marcher à une troisième : Curiace, au contraire, traînant avec peine son corps fatigué par sa course, épuisé par le sang qui coulait de sa blessure, & déjà vaincu par le spectacle de la mort de ses frères, se présentait à son ennemi, moins comme un rival que comme une victime. Aussi ce ne fut point un combat. Horace triomphant, *j'ai immolé*, dit-il, *les deux premiers aux mânes de mes frères : je vais sacrifier le troisième à ma patrie. Ce coup d'épée va mettre Albe sous le joug de Rome.* L'infortuné Curiace pouvait à peine soutenir le fardeau de son armure ; son adversaire l'égorge, le dépouille sur le champ de bataille, & rentre en triomphe dans son camp aux acclamations des soldats, qui l'appellaient un second Romulus.

Tel est le tableau de ce fameux combat, dont Tite-Live nous a fourni soit l'ordonnance, soit le coloris. L'intérêt qui y règne est dans le sujet même, & je ne vois pas que les ornemens dont le Peintre l'a embelli, lui foient étrangers. Le grand Corneille, qui a mis en vers dans fes Horaces, la profe admirable de Tite-Live, n'a point été accufé par l'homme de goût, d'avoir défiguré par le merveilleux ce fujet vraiment dramatique; & l'Hiftoire, à cet égard, ne doit pas montrer plus de févérité que le théatre de la raifon.

Avant que les deux armées fe féparaffent, Métius, fidèle au traité, vint demander les ordres du Roi des Romains. Celui-ci lui commanda de tenir fes troupes prêtes à marcher contre la ville de Veyes; &, sûr déformais de voir Albe fous fa dépendance, il prit en Triompha-teur la route de fa Capitale.

Cependant l'yvreffe que caufait parmi les Romains la victoire d'Horace, ne tarda pas à être troublée par un évènement finiftre. Le Héros avait une fœur, qui avait été promife en mariage à un des Curiaces; elle aimait l'Albain avec ido-lâtrie; & le patriotifme, dans une ame neuve encore, eft bien faible auprès de l'amour. Lorsque cette jeune Romaine apperçut sur les épaules de son frère la cotte de mailles, ouvrage de ses mains, qu'elle avait donnée au guerrier qui devait être son époux, elle s'arracha les cheveux, & maudit une victoire qui allait remplir sa vie d'amertume. Corneille ajoute à ces regrets touchans des imprécations sublimes, qu'on applaudit tous les jours au théatre, parce qu'elles tendent à rendre Horace moins odieux ; mais l'Héroïne de Tite-Live ne les a jamais prononcées. Le féroce guerrier, yvre de sang, & outré de ce que le spectacle de son triomphe ne faisait pas par-tout abjurer la Nature, tire à l'instant son épée, & la plongeant dans le sein de sa sœur, *téméraire, dit-il, va rejoindre chez les morts l'Amant que tu oses regretter, & périsse ainsi toute femme qui, née Romaine, osera pleurer l'ennemi de Rome !*

Le code atroce de la guerre ne change pas tout-à-coup la grammaire de la morale. L'action d'Horace, quoique justifiée à ses yeux par son enthousiasme pour la patrie, parut aux Romains ce qu'elle était en effet, c'est-à-dire, un crime digne du supplice. Les Duumvirs instruisirent à l'instant le procès du meurtrier, & le jugèrent *criminel d'Etat* (a). Or, la peine instituée par la loi pour un pareil délit, consistait à être attaché à un gibet, un voile sur la tête, & à être frappé de verges jusqu'à la mort. Déjà un Licteur approchait, le cordon fatal à la main, pour attacher le criminel, lorsque celui-ci appella de la sentence des Duumvirs, au Peuple assemblé. Cet incident fit présenter l'affaire sous une nouvelle face. Le père d'Horace se trouvait alors dans l'assemblée. Ce vieillard vénérable, qui se voyait prêt d'entrer dans la tombe, sans l'espérance de voir aucun de ses fils lui fermer les

(a) C'est ainsi qu'il faut traduire le *Perduellio* de Tite-Live. Dans la suite, quand les Empereurs affecterent le despotisme, le crime d'Etat répondit à ce que nous nommons le crime de leze-Majesté.

yeux , s'avança en chancelant vers les nouveaux Juges , & déclara que la mort de sa fille était légitime : ajoutant que si c'eut été un parricide , en vertu de la puissance paternelle , il aurait déjà puni l'assassin. Ce vieux Romain jouissait de l'estime publique. Son autorité balança un moment l'autorité éternelle de la morale ; alors voyant les spectateurs partagés , il employa , dit-on , ces grands mouvemens d'éloquence avec lesquels l'homme de génie , ému , subjugue toujours la multitude. « O mes Concitoyens , s'écria-t-il , » quel spectacle affreux va-t-on exposer à » vos regards ! Verrez-vous d'un air tran- » quille frapper de verges & expirer sur » un gibet, le même Héros que vous venez » de conduire en triomphe, dans ces ram- » parts que sa valeur a sauvés ? Approche, » Satellite des Duumvirs, viens charger » de liens ces mains victorieuses, sans » lesquelles Rome subirait aujourd'hui le » joug de sa rivale : ose voiler la tête du » Libérateur de son pays ; mais dans quel

» lieu fera dreffé l'infame gibet où mon
» fils doit terminer fa vie? Sera-ce dans
» l'enceinte de Rome? Il y trouvera des
» colonnes chargées des trophées des Al-
» bains : fera-ce hors de ces remparts? Il
» y verra les tombeaux des guerriers qu'il
» a terraffés. Par-tout où l'on dreffera
» des échafauds, l'infortuné y rencontrera
» les monumens de fa gloire, qui le ven-
» geront aux yeux des fiècles de l'infamie
» de fon fupplice. »

Il eft probable que cette harangue pa-
thétique n'a jamais été prononcée ; mais
dans une pareille fituation, une ame forte
n'a pas befoin de l'éloquence des mots
pour opérer de grands effets. Quelques
phrafes entrecoupées forties des entrailles
d'un père, un regard expreffif vers les
colonnes chargées des dépouilles des Curiaces, & ramené avec attendriffement
vers l'infortuné dont on préparait le fupplice, fuffifaient fans doute fans les périodes admirables de Tite-Live, pour
conduire Rome entière à la pitié. Le

Peuple en effet ferma les yeux ſur le parricide d'Horace, & le renvoya abſous.
Seulement pour conſerver les mœurs publiques, on voila, avec une ſorte d'ignominie, la tête du coupable, & on le fit
paſſer ſous le joug. On donnait ce nom
à une ſolive poſée en travers au milieu
d'une rue, & ce monument groſſier de
ſervitude, qui ſervit à expier le crime
d'Horace, ſe voyait encore à Rome ſur la
fin de la République.

Cependant la paix entre Albe & Rome
n'était pas faite pour ſubſiſter long-temps.
Cette première ſe rappellait toujours que
ſa rivale était ſortie de ſon ſein, & on
diſait publiquement dans ſes murs, qu'un
vain triomphe, dans un combat ſingulier,
ne devait pas donner à une colonie ingrate
le ſceptre ſur ſa métropole. On accuſait
ſur-tout Métius d'avoir trahi les intérêts
de la patrie, en confiant ſa deſtinée à la
bravoure des Curiaces. Celui-ci, dont le
génie ſouple & ſans principes ſe pliait à
tous les moyens que ſon ambition pouvait

lui suggérer, tâcha alors de regagner, par une perfidie, la bienveillance de la multitude. Ainsi il chercha la guerre dans le sein de la paix, comme au temps du combat des Horaces, il avait cherché la paix dans le sein de la guerre ; mais l'étoile de Rome l'entraînait ; & s'il ne fut pas heureux dans le choix des défenseurs d'Albe, il le fut encore moins dans sa perfidie.

Veyes & Fidènes venaient de se liguer contre Rome. Métius fit entrer Albe dans la confédération ; mais les mesures furent concertées avec assez de secret, pour qu'on ne sçût sous quels drapeaux il devait combattre, que le jour même de la bataille. Le Roi de Rome, qui ne soupçonnait pas sa trahison, lui manda de venir le trouver avec ses Albains, au confluent du Tibre & du Teveron ; &, à son approche, il rangea son armée, opposant les Romains aux Veyens, & chargeant Métius de marcher contre les Fidenates.

Le Général Albain n'avait pas plus de

bravoure que de bonne foi. A l'approche du danger, n'ofant ni fervir fon Allié ni le trahir ouvertement, il prit le parti de gagner infenfiblement les montagnes, & d'attendre l'iffue du combat pour fe déclarer du côté des vainqueurs. Tullus, à la vue de ces mouvemens qui déconcertaient fon plan de bataille, foupçonna la trahifon de Metius; mais comme il joignait à la bravoure tout le fang-froid de l'expérience, il ne fe déconcerta point : il ordonne à l'inftant à fa cavalerie de tenir la lance haute ; & par cet artifice, il cache à une partie des fantaffins le fpectacle de la défertion de fon Allié. En même temps pour raffurer la cavalerie même, qui voyait fes flancs découverts, il s'avance vers la première ligne, & dit affez haut pour que l'ennemi puiffe l'entendre, que c'eft par fon ordre que les Albains ont gagné les montagnes, afin de prendre par derrière les cohortes des Fidenates. Le ftratagême eut un fuccès qui paffa fon attente. Les foldats de Fidènes,

qui n'étaient point instruits comme leurs
Chefs des dispositions de Métius, en proie
à une terreur panique, se dispersèrent aussi-
tôt. Les Romains les poursuivirent avec
vivacité, pour les empêcher de se rallier.
Ensuite faisant volte-face, ils tombèrent
sur les Veyens qu'ils mirent en déroute,
& dont ils firent un affreux carnage.

Cependant les Albains, qui, jusqu'à
ce moment, avaient été tranquilles spectateurs de l'action, voyant les Romains
maîtres du champ de bataille, descendent
de leur poste, & Metius a l'audace stupide de venir féliciter Tullus sur sa victoire. Le Roi de Rome concentre au fond
de son cœur son indignation, fait camper
ensemble les deux armées, & convoque
une assemblée générale pour le lendemain.
Les mesures avaient été prises pour que la
vengeance qu'il méditait s'exécutât, sans
qu'il en coutât du sang aux deux Nations.
Le moment de la cérémonie arrivé, les
Albains s'approchent en foule du trône,
pour entendre de plus près la harangue

de Tullus, & une légion Romaine se
tient derrière eux sous les armes, prête à
exécuter les ordres de son Souverain. Tout
étant ainsi disposé, Tullus dévoila toute
la perfidie de Metius le jour du combat,
& proposa de faire en sa personne un
exemple propre à effrayer à jamais les
infracteurs de la bonne foi. Un morne
silence se répand à l'instant parmi les
Albains : *Perfide*, dit-il à leur Général,
*s'il était en ton pouvoir de sentir les
remords, je te donnerais la vie : mais
comme ton caractère pervers ne peut être ré-
formé, je veux que ton supplice épouvante
les scélérats qui seraient tentés de t'imiter.
Ton corps va être partagé, comme ton
cœur l'était hier, entre Rome & Fidènes.*

A peine la sentence de Metius fut-elle
prononcée, qu'on se mit en devoir de
l'exécuter. Des Licteurs saisirent le Général d'Albe, le lièrent à deux chars at-
telés chacun de quatre chevaux, qui,
partant en sens contraire, mirent en pièces
le corps du perfide, de manière que ses

membres déchirés traînèrent en lambeaux fur la pouffière. L'Hiftoire remarque que ce fut la première & la dernière fois que les Romains employèrent ce genre de fupplice, dont l'humanité s'indigne, & qui annonce la férocité des mœurs du Peuple qui en fait ufage dans fa Légiflation.

Les Albains, après avoir vu écarteler leur Général, s'attendaient à être paffés au fil de l'épée : mais Tullus était trop bon Politique pour exercer froidement une barbarie inutile : il fe contenta d'annoncer à ce Peuple éperdu & défarmé, qu'on allait le transférer à Rome. Cet arrêt parut moins dur à ces infortunés, parce que, par une réticence perfide on leur cacha que cette tranflation emportait le renverfement de leur patrie. Ils parurent donc céder fans murmure à leur deftinée.

Pendant qu'une cohorte Romaine conduifait les foldats de Metius chez leurs vainqueurs, le refte des légions prenait le chemin d'Albe pour la détruire. Ici l'intérêt s'accroît par la magie du pinceau de Tite-Live. Dès que les troupes furent entrées dans l'enceinte de cette métropole de Rome, la consternation se répandit par-tout. Ce n'était point, il est vrai, cet effroi mortel dont les esprits sont saisis dans une ville prise d'assaut, quand à la lueur des flammes des maisons embrasées, le sang des Citoyens coule à torrens dans les places publiques. Le trouble des Albains ne se manifestait que par un morne silence. Tout entiers à leur terreur profonde, & incapables de prendre un parti, on les voyait, tantôt immobiles sur le seuil de leurs portes, tantôt errans dans leurs maisons, qu'ils parcouraient pour la dernière fois.

Cependant les ministres de la tyrannie du Roi de Rome pressaient le peuple de se retirer. Déjà l'on entendait aux extrêmités de la ville les maisons s'écrouler avec fracas, & on voyait le nuage épais de poussière qui s'élevait de leurs décombres. Les Albains alors se hâtent d’emporter leurs effets les plus précieux, & quittent, les larmes aux yeux, les demeures chéries qui les avaient vu naître & où ils espéraient mourir. Les rues pouvaient à peine contenir la foule de ces fugitifs infortunés, à qui le spectacle de leurs désastres communs causait un nouvel attendrissement. Les femmes, sur-tout, jettaient des cris lamentables, lorsque, passant auprès des Temples d’Albe, que les soldats Romains avaient investis, elles se représentaient leurs Dieux mêmes détenus prisonniers par leurs vainqueurs.

Albe ainsi abandonnée par ses habitans, les Romains détruisirent de fond en comble ses édifices : de sorte qu’en moins de quelques heures, on ne vit plus que les ruines d’une ville qui avait été l’ouvrage de quatre siècles de travaux.

Horace, le terrible Horace, encore fumant du sang de sa sœur, s’était chargé d’exécuter le renversement d’Albe, & il gémit sans doute de ne pouvoir exercer contre les hommes le pouvoir destructeur qu'il exerçait, sans danger, contre de vains édifices.

Ce désastre de la métropole de Rome était fait pour couvrir d'un opprobre éternel la mémoire de Tullus. Il eut la politique, cet acte de tyrannie une fois consommé, d'adoucir aux yeux des Albains ce qu'il y avait de trop odieux dans le renversement de leur ancienne patrie, en flattant leur vanité par des distinctions, dans la nouvelle qu'il leur procurait. Il donna à tous les Citoyens d'Albe, sans distinction, le droit de bourgeoisie dans Rome, & aggrégea à son Sénat une partie de leur Noblesse. Comme cette opération du Gouvernement avait doublé la population de la capitale, ce Prince en prit occasion d'enfermer le mont Cœlius dans son enceinte.

Le reste du règne de Tullus, à une expédition près contre les Sabins, fut plus pacifique qu'on ne devait l'attendre du destructeur d'Albe. Tite-Live qui, sans être crédule lui-même, se plaît cependant à rassembler dans son ouvrage tous les contes qui peuvent plaire à la crédulité, remplit cet intervalle par des fables religieuses. La plus étrange est celle de la pluie de pierres qui tomba, dit-on, à cette époque sur le mont Albain. Des Sénateurs, à en croire l'Historien, allèrent eux-mêmes vérifier ce phénomène, & trouvèrent en effet sur la hauteur indiquée, une prodigieuse quantité de cailloux, comme la grêle que les vents déchaînés précipitent sur la terre en monceaux. En même temps, ajoute-t-on, on entendit une voix formidable sortir du bois sacré qui couronne le mont Albain, & ordonner des sacrifices. Si l'anecdote pouvait avoir quelque fondement, il faudrait l'expliquer par l'éruption d'un volcan voisin, qui ne tarda pas à se refermer. Le Vésuve, comme l'on sait, lance quelquefois des pierres-ponces jusques dans les fauxbourgs de Naples. Quand à la voix formidable, il est certain que c'est une fourberie du collège des Augures.

La tradition eſt partagée ſur la mort de Tullus. Le récit de Tite-Live ſe reſſent un peu du voiſinage de la pluie de pierres du mont Albain. Ce Prince, à la ſuite d'une épidémie qui avait déſolé la campagne de Rome, avait été attaqué d'une maladie de langueur ; alors ſon imagination bleſſée commença à partager la faibleſſe de ſon corps : le même guerrier qui, juſqu'à ce moment, aurait cru avilir ſa dignité, s'il l'avait proſtituée à de vains ſacrifices, tout-à-coup devenu timide & ſuperſtitieux, ſe renferma dans l'intérieur de ſon palais, pour offrir des ſacrifices occultés à la manière de Numa. Mais, dit l'Hiſtorien du ſiècle d'Auguſte, que je ne fais ici que tranſcrire, ſoit qu'il ſe fût trompé dans les préparatifs, ſoit que ce fût dans le cours de la cérémonie, nonſeulement le Dieu qu'il voulait évoquer ne parut point ; mais encore Jupiter, irrité d'un culte auſſi indécent, le frappa de la foudre & mit ſon palais en cendre.

Il y a une tradition bien plus vraiſem-

blable dans les antiquités de Denys d’Halicarnaffe. Il eft vrai que ce bon Grec ne
la garantit point. *A tout prendre,* dit-il,
*j’aime mieux attribuer la fin tragique de
Tullus à la vengeance de quelques génies
irrités.* Mais comme des *génies irrités* ne
dénouent que des Romans de Féeries ou
des Pièces de Théatre , nous pouvons
adopter, comme la plus conforme à la
vérité hiftorique , l’opinion que la crédulité Grecque ou Romaine n’ofe garantir.

Ancus-Martius, petit-fils de Numa, était
dévoré de l’ambition de règner, & fouffrait
impatiemment la vie obfcure qu’il menait,
tandis que Tullus, qu’il regardait comme
un ufurpateur , tenait dans fes mains la
deftinée de l’Italie. Un jour que le Roi
de Rome offrait un facrifice fecret dans
l’intérieur de fon palais , il s’éleva un
ouragan affreux qui effraya tellement la
garde , qu’elle abandonna fon pofte.
Martius, plus agguerri contre les fiflemens
des vents & les éclats du tonnerre , pé-
nétra dans le palais avec un petit nombre

d'hommes armés, paſſa au fil de l'épée le
Roi, ſes enfans, & toute ſa famille;
embráſa l'édifice où le ſang coulait ainſi à
grands flots, & répandit le bruit que la
foudre avait conſumé le palais avec ceux
qui l'habitaient. Cet attentat, que la
ſoif de régner rend ſi vraiſemblable, a
quelque rapport à la fin tragique du Fondateur de Rome; mais Martius, moins
odieux aux Peuples que les Sénateurs qui
maſſacrèrent Romulus, n'eut pas beſoin,
après avoir aſſaſſiné ſa victime, de faire
ſon apothéoſe.

REGNE,

SANS ÉVÉNEMENS,

D'ANCUS-MARTIUS,

INSTITUTIONS ET MONUMENS

DU PREMIER

DES TARQUINS (a).

Il n'y eut qu'un interrègne très-court à la mort de Tullus, & le Peuple qui

---

(a) Nous prévenons que d'ici, jusqu'à la révolution qui changea la Monarchie Romaine en République, nos guides ordinaires sont Tite-Live & Denys d'Halicarnasse. Voy. *Decad.* 1, lib. 1, & *Antiq. Rom.* lib. III. & IV. L'aride Denys d'Halicarnasse ne peut nous fournir que des faits. Pour Tite-Live, un des hommes le plus éloquens de l'antiquité, nous nous faisons un devoir de faire passer de temps en temps, dans notre ouvrage, le coloris de ses tableaux.

attribuait à la foudre l'embrâſement du palais de ſon Roi, déféra ſans balancer ſa couronne à ſon aſſaſſin. Martius, iſſu du ſang de Numa, commença par rappeller les inſtitutions pacifiques de ce Monarque Philoſophe; & comme les Nations rivales s'imaginèrent que cé nouveau Roi, ſans vigueur & ſans caractère, paſſerait ſa vie inutile à l'ombre des autels, elles s'armèrent de tout côté, pour empêcher Rome de devenir une Puiſſance dominante. Leur attente fut trompée; Martius tenait à la fois du Fondateur de Rome, par ſa bravoure & de Numa ſon aïeul, par l'envie qu'il avait de rendre ſes Sujets heureux. Ce tableau ſe concilie plus qu'on ne penſe avec le ſoupçon auquel ce Prince n'a pu échapper, d'avoir acheté ſon Trône par le meurtre du Monarque qui l'occupait. Il n'eſt point rare de voir l'ambition ſatisfaite ſe repoſer doucement ſur des vertus utiles au monde. Le farouche Octave des proſcriptions du ſecond Triumvirat, devint l'Auguſte qui pardonna à Cinna.

Cromwel, couvert du sang de son Souverain, n'ayant plus d'ennemis ni de rivaux, a fait le siècle dernier la gloire de la Grande-Bretagne.

Martius vainquit tous les ennemis de Rome en différentes expéditions, dont aucune n'est digne de mémoire. Il ne faut en excepter que le siège de Fidènes, à cause des lumières que cet évènement peut donner sur la tactique de ces temps-là. Le Roi de Rome ayant formé des lignes de circonvallation autour de la place, fit, dit-on, creuser une mine, de son camp aux remparts de la ville ennemie ; l'ouvrage terminé, il vint avec des machines de guerre, donner l'assaut à l'extrêmité opposée à celle où aboutissait la tranchée. Les Fidènates, qui ne se doutaient d'aucun stratagême militaire, dégarnirent une partie de leurs remparts, & se rendirent en foule du côté de la brêche. Au fort du combat, les Romains sortirent du souterrain, pénétrèrent dans l'enceinte des murs, & vinrent ouvrir les portes de la ville aux légions qui combattaient derrière la brêche. C'eſt ainſi que Fidènes paſſa au pouvoir de Rome. Le Roi abuſa de ſa victoire, comme tous les Conquérans dont l'orgueil s'irrite d'une longue réſiſtance. Après avoir paſſé une partie de la garniſon au fil de l'épée, il aſſembla tous les habitans, fit battre de verges en leur préſence & conduire au ſupplice les amis de la liberté, qu'il flétriſſait du titre de Chefs de rebelles; & après cette ſanglante tragédie, il abandonna la ville au pillage.

Martius régna vingt-quatre ans, & mourut dans ſon lit, quoique les crimes de l'ambition en appellent preſque toujours d'autres pour les venger.

C'eſt ſous le règne de Martius que la famille des Tarquins vint s'établir à Rome. Cette famille, originaire de Corynthe, avait alors pour Chef Lucumon, homme actif, qui ſe croyait appellé à paraître ſur un grand théatre, & dont le génie ne contrediſait point la fierté. Il

avait épousé Tanaquil, femme d'une naiſſance illuſtre, & d'un caractère à ſouffrir
impatiemment que la Maiſon où elle
était entrée le cédât en grandeur à célle
dont elle était ſortie. Rome ſembla à
cette Italienne altière, un ſéjour plus
propre à ſes vues ambitieuſes, que la petite ville de Tarquinies, où elle vivait
obſcurement ; elle ſe flattait que chez un
Peuple nouveau, où le mérite fait la Nobleſſe, le trône même pouvait s'offrir en
perſpective à ſon époux, & elle le déter-
mina à ſe tranſporter à Rome avec toute
ſa fortune.

Lucumon, à ſon arrivée dans la Capitale d'Ancus Martius, prit le nom de la
ville où il était né, c'eſt-à-dire, celui de
Tarquin. L'Hiſtoire y ajoute le mot d'ancien, pour le diſtinguer de Tarquin le
Superbe, qui amena par ſon orgueil, le
renverſement du Trône de Romulus. Cet
étranger ſe fit, ſoit par le faſte de ſa table,
ſoit par ſa bienfaiſance, un parti conſidé-
rable dans Rome. Quelques ſervices qu'il

eut occafion de rendre à Martius, le firent
connaître encore plus avantageufement à
la Cour ; & à la fin, il devint tellement
le favori du Prince, que celui-ci, par fon
teftament, le nomma tuteur de fes fils,
& fpécialement de celui qu'on regardait
alors univerfellement dans Rome comme
l'héritier préfomptif de la Couronne.

Cependant cette Couronne n'étant point
héréditaire, il fallait obferver une forme
pour l'élection de ce fils aîné de Martius.
Le jour fixé pour la tenue des Comices,
l'adroit Tarquin fit exécuter à fes pupilles
une partie de chaffe loin de Rome. Comme
il préfidait l'affemblée, tout le monde
s'attendait à le voir folliciter les fuffrages
pour le fils du dernier Roi : mais jettant
au loin le mafque qui voilait fon ambition,
il eut l'audace de briguer le Trône pour lui-
même. Le premier mouvement des Romains fut l'indignation ; Tarquin ne fe
déconcerta pas ; il traça l'hiftoire de fa vie
avec cette véhémence faite pour entraîner
une multitude qui ne raifonne pas, mais

qui fent ; & comme fon rival n'était point préfent pour faire valoir fes droits , on lui déféra , avec une forte d'unanimité , la Couronne de Romulus.

Tarquin, comme fon prédéceffeur, eut un règne fans événemens , qui prouve qu'en général, fes Peuples furent heureux. On cite cependant de lui quelques inftitutions politiques : car la machine du Gouvernement mal conftruite par Romulus, avait befoin, à chaque règne, de nouveaux rouages pour n'être point arrêtée dans fes mouvemens.

Il créa cent nouveaux Sénateurs qui furent nommés *Sénateurs du fecond ordre.* Il eft vrai que fon but fut moins de donner des furveillans à l'adminiftration , & des pères à la patrie , que de s'affurer des partifans zélés qui feraient un jour valoir pour fes intérêts le pouvoir qu'ils tenaient de fes bienfaits.

C'eft dans le même efpoir que le nouveau Roi innova , par rapport à l'inftitution des Chevaliers Romains. Il n'ofa pas, il eſt vrai, multiplier leurs Centuries, mais il doubla le nombre des membres qui les compoſaient, de manière que les trois réunies formèrent, à cette époque, un corps de dix-huit cents citoyens.

Tarquin, après avoir travaillé pour lui-même, s'occupa du Peuple. Attentif à ſes plaiſirs, il fit tracer pour les ſpectacles publics l'emplacement du grand Cirque : on y marqua des places diſtinguées pour l'ordre du Sénat & pour celui des Chevaliers : c'étaient des loges groſſières, ſoutenues par une charpente mal décorée, & élevée de terre à la hauteur de douze pieds. On repréſentait dans l'arène des combats d'athlétes & des courſes de chevaux : c'eſt ce qu'on nommait les *grands jeux*. On les célébra depuis tous les ans, juſqu'à ce que Rome ceſſa d'être à elle-même ou à ſes Deſpotes.

Le même Prince ferma ſa Capitale d'une enceinte de pierres de taille, & en coupant un rocher qui s'oppoſait à l'élévation des édifices publics, il prépara de loin les fondemens du Capitole.

L'ouvrage de Tarquin, le plus fait pour laisser après lui une longue mémoire, est la construction de ses aqueducs & de ses égouts. *Rien ne m'a donné*, dit Denys d'Halicarnasse, *une plus haute idée de la Capitale du monde, que ces monumens admirables*: suffrage d'autant plus remarquable, que l'Écrivain qui s'exprimait ainsi, connaissait tous les chefs d'œuvres d'architecture du beau siècle d'Alexandre. Les égouts qui subsistent encore, & qui ont seize pieds de large sur treize de profondeur, forment une espèce de Rome souterraine, dont la solidité est à l'abri des outrages du temps : du temps de la République, on y faisait passer, à certaines époques, un fleuve entier, pour les délivrer de leurs immondices. Les canaux s'obstruèrent cependant dans une occasion, par la négligence des censeurs, & il en coûta mille talents (plus de cinq millions quatre cents mille livres) pour les réparer : on peut juger par là de la magnificence de ce monument. Tarquin, dit à cette occasion le

célèbre Montefquieu, commençait dès-
lors à bâtir la ville éternelle.

On regrette que ce Prince, qui par fes
grandes vues, femblait au-deffus de fon
fiècle, fe foit affez défié de l'intelligence
de fa nation, pour croire qu'elle avait
befoin d'être menée par les lifières de la
crédulité : du moins, c'eft ainfi que la
philofophie péut expliquer l'hiftoire de
l'Augure Névius qui a tant de célébrité
dans les annales romaines. Tarquin avait
befoin de faire quelques réformes dans les
anciennes inftitutions militaires; & pour
les faire adopter, fans danger pour fa Couronne, il employa la reffource puérile de
la fuperftition. Névius était alors le plus
accrédité des Augures : le Roi, de concert
avec lui, fans doute, le confulte publiquement fur fon plan de réforme : celui-ci
confervant fon caractère, répondit qu'on
ne pouvait rien innover, fans y être autorifé par le vol des oifeaux. Tarquin fei-
gnit d'être bleffé d'une pareille oppofition,
& comme s'il avait voulu prouver à Névius

la frivolité de son art : *Ministre sacré*, lui dit-il, *devine par tes auspices, si ce que j'ai dans l'esprit peut-être exécuté* ; l'Augure fait son opération religieuse, & répond affirmativement. *Eh bien !* ajoute le Prince, *je pensais que tu couperais ce caillou avec un rasoir*. A l'instant l'Augure prend le rasoir & coupe en deux le caillou. Une statue érigée dans le temps, atteste aux siècles à venir, disent les Historiens, l'authenticité de cette merveille. Il ne faut pas une connoissance très-profonde du cœur humain, pour voir que Tarquin s'entendait avec l'Augure & porta au lieu de la scène le caillou déjà divisé. On sent que comptant sur l'ignorance romaine en physique, il employa cette fourberie pour mettre en crédit l'art augural, & affermir par-là l'indépendance de sa Couronne.

Tarquin eut, comme son prédécesseur, une foule de guerres peu importantes à soutenir contre ses voisins, & dont il se tira avec beaucoup d'habileté. C'est une chose étrange que ces nations rivales qui, toutes isolées, n'avaient que la force que donne l'enthousiasme du moment, n'ayent jamais songé à rétablir par une utile confédération cet équilibre de l'Italie, que la puissance romaine rompait à chaque moment. Ces nations, animées également du desir de se dérober au joug, se plaçaient, à l'exemple des Curiaces, à de grands intervalles, sur le champ de bataille ; Rome venait comme l'Horace de Tite-Live, attaquer, l'un après l'autre, ses ennemis divisés, & les mettait à mort.

Les Sabins, les Latins & les Étruriens procurerent tour-à-tour des triomphes à Tarquin : c'est à la suite de la dernière expédition, que ce Prince, pour en imposer davantage à l'Italie, emprunta une partie de ce faste oriental avec lequel les Despotes croyent relever la majesté de leur diadême ; il se montrait en public vêtu d'un riche manteau de pourpre, une couronne d'or en tête, & le sceptre à la main, précédé de douze Licteurs qui portaient la hache & les faisceaux, symboles de sa puissance.

Tarquin, à la suite de ses victoires, se faisait toujours céder quelques villes par le peuple dont il venait de triompher, ce qui étendait singulièrement le territoire de Rome. Collatie est une des principales dont l'Histoire fasse mention, & on nous a conservé jusqu'à la formule de la cession; sa simplicité qui caractérise la naïveté du temps, a quelque prix aux yeux des amateurs de l'antiquité. Quand les Ambassadeurs des Sabins, à qui appartenait originairement la ville qui allait changer de maître, eurent été introduits à l'audience de Tarquin: *étes-vous*, dit le Roi, *les réprésentans de Collatie? — Nous le sommes. — Votre Peuple a-t-il le pouvoir suprême? — Il en jouit. — Remettez-vous en ma puissance & en celle des Romains vos personnes, votre ville, votre territoire, vos eaux, vos limites, vos temples, vos biens & tout ce que les Dieux & vos ancêtres vous ont confié? — Sans doute. — Il suffit, j'accepte votre cession, & Collatie est de ce moment en mon pouvoir.*

RÉVOLUTION

QUI DONNE
LE TRONE DE ROME
A SERVIUS - TULLIUS.

TARQUIN parvenu à une vieillesse glo-
rieuse, chéri de ses Sujets, respecté de ses
voisins, entouré de monumens qui devaient
faire chérir sa mémoire, ne put dérober
sa tête octogénaire au fer des assassins. Cet
attentat qu'on ne devait soupçonner qu'autour des Trônes mobiles de l'Orient,
demande à être tracé avec les crayons de
Tite-Live.

Il y avait long-temps que Tarquin s'é-
tait aliéné les fils d'Ancus Martius, non-
seulement en se faisant déférer une Couronne qu'ils croyaient devoir leur appar-
tenir, mais encore en se choisissant pour
gendre un citoyen qu'on croyait d'une

naissance suspecte, & qu'ils appellaient le fils d'un esclave. Ce citoyen est le fameux Servius Tullius, le sixième Roi de Rome, qui eut trop de part à la révolution, pour que l'Histoire ne donne pas quelques détails sur son origine.

A la prise d'une petite ville de Cornicule par les Romains, son Roi ayant été tué sur la brèche, l'épouse de ce Prince fut emmenée prisonnière : elle était alors enceinte. Tanaquil fut touchée de son infortune, lui accorda la liberté, & lui permit d'accoucher dans son palais. La reconnoissance dès-lors servit à lier la veuve du Roi de Cornicule à l'épouse de Tarquin ; & quand Servius Tullius naquit, il devint aussi cher à la bienfaitrice qui l'élevait, qu'à la mère qui l'avait fait naître.

Les critiques de l'antiquité qui, doutant de cette généalogie, ont cru que le mot de *Servius*, que conserva le pupile de Tanaquil, désignait qu'il était né d'une esclave, ont donné une autre base à sa grandeur naiſſante. Un jour, dit-on, que cet enfant chéri des Dieux dormait dans le palais, on vit une grande flamme briller autour de ſa tête : phénomène qui fit jetter des cris d'admiration à tous les ſpectateurs, & leur perſuada que c'était un Héros dont la terre ferait bientôt l'apothéoſe. En ſuppoſant la vérité du fait, la phyſique moderne l'expliquerait aiſément, ſans recourir à la baguette des merveilles. On ſait que dans un temps ſec, un enfant iſolé dans ſon berceau qui ne porterait que ſur des cordons de ſoye, & environné d'une atmoſphère électrique, lancerait de preſque toutes les parties de ſon corps, des flammes qui étincelleraient vivement dans l'obſcurité : il y a même un moyen d'en faire ſortir, en forme de rayons, autour de la tête : c'eſt ce qu'on nomme l'expérience de l'auréole. Quoiqu'il en ſoit de cette interprétation, le phénomène de la tête rayonnante de Servius Tullius fit un grand bruit dans le palais de Tarquin, & attira l'attention du Roi & de ſon épouſe. Déjà des esclaves apportaient de l'eau pour éteindre cette flamme subtile, lorsque Tanaquil les arrêta & fit faire silence autour de l'enfant, jusqu'à ce qu'il s'éveillât de lui-même. En effet, quand Servius commença à ouvrir les yeux, la flamme disparut. Tanaquil, dès-lors, présagea la grandeur future de ce prétendu favori des Dieux; elle lui donna cette éducation qui développe le germe des grandes ames, & quand il fut sorti de l'adolescence, elle lui fit épouser sa fille, qui lui apporta en dot ses droits à la Couronne.

Le mariage de Servius porta à son comble l'indignation des enfans de Martius; outrés de voir cette nouvelle barrière entr'eux & le Trône de Rome, ils conspirèrent pour ôter la vie à Tarquin. L'exécution du complot fut confiée à deux bergers intrépides : ces assassins armés de bâtons ferrés, tels qu'ils avaient coutume d'en porter, entrent dans le vestibule du palais, & se querellent avec bruit : le tumulte attire la garde : mais ayant demandé à être jugés par le Roi lui-même, ce Prince qui, du fond de son appartement, avait entendu leurs clameurs, consentit à leur donner audience. D'abord les bergers parlent ensemble & se coupent la parole tour à tour; Tarquin redouble d'attention, & tandis que l'un des assassins s'échauffe dans son récit, l'autre s'élance sur le Monarque, lui décharge sur la tête un violent coup de coignée, laisse le fer dans la plaie, & prend la fuite avec son complice.

Tarquin mourant tombe entre les mains de ceux qui l'environnent, & les Licteurs courent après les meurtriers. Cet évènement met Rome entiere en rumeur : déjà le Peuple accourait en foule vers le palais, lorsque Tanaquil qui pressent les suites de ce tumulte, appelle Servius & le mène auprès de son époux qui luttait contre les approches d'une mort douloureuse. *Jeune homme*, lui dit-elle, *le Ciel dans ton enfance a fait briller une flamme céleste sur ta tête : que cette flamme te réveille aujourd'hui ; venge - nous des meurtriers de Tarquin ,*

montre-toi tel que les Dieux t'ont fait,
& le Trône est à toi.

Cependant les cris de la multitude commençaient à se faire entendre : Tanaquil se fait voir à une fenêtre du palais, & annonce au Peuple que le Roi n'a reçu qu'une blessure légère, qu'il ne tardera pas à se montrer à un Peuple dont il est l'idole ; & qu'en attendant, il veut que Servius rende la justice & remplisse tous les devoirs du rang suprême. Cette comédie héroïque fut très-bien jouée par tous les personnages. Servius, un moment après la harangue de Tanaquil, parut en public avec les ornemens de la royauté, & le cortège des Licteurs ; il s'assit même sur le Trône. Le lendemain & le jour suivant, il joua le même rôle avec la même intelligence : enfin, quand on crut Rome accoutumée à obéir au nouveau Roi, le masque fut levé tout-à-fait. La mort de Tarquin fut annoncée dans Rome. Servius, entouré d'une garde nombreuse, se présenta au Sénat, & s'y fit proclamer

Souverain, fans l'intervention du Peuple : trait d'audace inoui jufqu'alors, & qui, à caufe du filence des Romains, changea toute la conftitution de l'Etat. Les Rois apprirent dès-lors qu'ils n'appartenaient point à la nation, mais que la nation leur appartenait : ce qui prépara la tyrannie de Tarquin, &, par contre-coup, la diffolution de la monarchie.

DÉNOMBREMENT

DU

PEUPLE ROMAIN,

ET RÉFORMES

DANS SA LÉGISLATION.

LES enfans d'Ancus ne tardèrent pas à apprendre que leurs complices, en affaſſinant Tarquin, n'avaient commis qu'un crime imparfait. La rage, plutôt que les remords, les obligèrent à ſe ſauver de Rome, & cet exil volontaire les déroba à l'ignominie du ſupplice.

Servius, tranquille ſur ſon Trône, ſongea à devenir le père de ſes Peuples, & ſes regards paternels s'arrêtèrent d'abord ſur les vices de leur légiſlation.

Nous avons vu juſqu'à ce moment le pouvoir ſuprême entre les mains de *l'aſ femblée par Curies* , c'eft-à-dire , des États - Généraux de la nation. Il eft vrai que c'était le Prince qui convoquait ces États - Généraux , & qu'il fallait un Séna-tus - Confulte pour donner toute la fanc-tion néceffaire à ce qui y était arrêté : mais malgré ce concours des trois Puiffances , il eft évident que le Peuple était feul Légif-lateur : c'était lui qui créait les Rois, qui nommait les Pontifes & les Magiftrats , qui faifait la guerre ou la paix, qui réglait jufqu'aux formes judiciaires ; & , comme dans ces affemblées générales , tout fe dé-cidait à la pluralité des voix , & que les fuffrages fe comptaient par tête , les Plé-beyens étaient toujours maîtres des délibé-rations. Les fages opinaient , & la loi était le fruit de l'inftinct aveugle de la multitude.

Servius avait déjà porté un grand coup à ces affemblées nationales, en fe faifant proclamer Roi, fans l'intervention de leurs fuffrages. Il crut qu'il était encore de l'in-térêt de l'État de ne point fouffrir que les bras du corps politique en devînffent la tête,

& il employa le ftratagême le plus ingénieux, pour faire concourir le Peuple lui-
même à la réforme de fa conftitution primitive. Les Romains, jufqu'alors, avaient
payé par tête un tribut au tréfor public ;
& ce tribut, originairement le même à
caufe de l'égalité des fortunes, gênait
infiniment ceux qui avaient laiffé dépérir
leur patrimoine. Servius repréfenta au
Peuple qu'il n'était pas jufte que le citoyen le plus pauvre contribuât, autant
que le plus riche, aux befoins de l'État; il
ajouta qu'il était impoffible de graduer
l'impofition, fans connaître les facultés
de chaque individu. Alors les Romains,
qui étaient éblouis par l'idée patriotique
d'alléger le fort des malheureux, ne voyant
pas les chaînes que la bienfaifance royale
allait leur impofer, chargèrent eux-mêmes
Servius d'établir, à cet égard, dans le
Gouvernement, l'ordre qui lui paraîtrait
le plus conforme au bien général. De-là,
naquit le fameux *Cens*, ou dénombrement,
dont les détails précieux pour les efprits

législateurs, nous ont été conservés par Tite-Live.

Au commencement du règne de Servius, il y avait dans la Monarchie Romaine, au moins quatre-vingt mille Citoyens, &, dans ce calcul, on ne comprenait ni les vieillards, ni les enfans au-dessous de dix-sept ans, ni les femmes, ni les esclaves. Ces quatre-vingt mille hommes, destinés à représenter la nation, furent partagés en six classes, suivant leur fortune, & chaque classe en un certain nombre de Centuries.

Les Citoyens dont la fortune se montait à cent mines attiques, sept mille deux cents vingt-deux livres de revenu (a),

---

(a) Tite-Live dit cent mille as de patrimoine : or, si nous partions d'un ancien travail sur les monnaies romaines, qui fixe l'as à 1 liv. 13 s. 4 den. il s'ensuivrait que les cent mille as feraient la somme de 166666 liv. Mais il nous paraît absurde de croire qu'à une époque si voisine du temps, où les soldats de Romulus entraient en triomphe dans leur ville, pour avoir enlevé quelques gerbes de bled ou violé quelques femmes, il se trouvât un

compoſèrent la premiere claſſe, diviſée
en quatre-vingt Centuries, dont quarante,
formés d'hommes dans la maturité de
l'âge , furent chargés de la garde de la
ville, & les quarante autres, n'ayant qu'une
jeuneſſe valeureuſe dans leur ſein , furent
deſtinés à défier l'ennemi dans les champs
d'honneur. On donna pour armes óffen-
ſives à tous les Citoyens de cette première
claſſe, l'épée & la lance, & pour armes
défenſives, le caſque, le bouclier, la
cuiraſſe & les cuiſſarts, le tout en airain.
Ils avaient à leurs ordres deux centuries
d'ouvriers qu'on ſoldait, non pour combattre, mais pour tranſporter les machines
de guerre.

---

grand nombre de citoyens qui poſſédât plus de
cinquante mille écus en patrimoine. Il vaut mieux ,
dans toutes les évaluations de ce genre, ſuivre le
calcul de Denys d'Halicarnaſſe, qui compte par
mines attiques de revenu. La mine attique équivaut
à 72 liv. 4 ſ. 5 den. de notre monnaie actuelle.
Les réſultats que donnent les calculs de ce dernier
Hiſtorien ſont du moins de la plus grande vraiſemblance.

La feconde claffe, divifée en vingt centuries, fut confacrée à ceux des Romains, tant jeunes qu'avancés en âge, dont les revenus pouvaient s'évaluer au moins à foixante & quinze mines, cinq mille quatre cents feize livres : on les arma comme les Citoyens de la première claffe, fi ce n'eft qu'ils n'avaient point de cuiraffe, & qu'ils portaient l'écu au lieu du bouclier.

La troifième, partagée auffi en vingt centuries, avec la diftinction des deux âges, renfermait les Citoyens qui poffédaient en revenus la moitié de ce qu'on exigeait des membres de la première : à l'exception des cuiffarts, ils avaient les mêmes armes que les Citoyens de la feconde claffe.

On rangea dans la quatrième, ceux qui pouvaient juftifier un revenu de vingt-cinq mines, environ dix-huit cents fix livres, & on les partagea en autant de centuries : on ne les arma que du bouclier long & de la lance.

Il y avait trente centuries dans la cinquième classe : on donna aux Citoyens qui la composaient, la fronde & des pierres : on y fit entrer une centurie de soldats surnuméraires, & deux autres destinées à la musique militaire. Pour être de cette classe, il suffisait d'être riche de la moitié de ce qu'on demandait aux membres de la précédente.

La sixième classe renfermait tout le reste de la multitude, qui n'avait pas assez de biens pour entrer dans une classe supérieure. Les Citoyens qui la composaient, étaient exempts de service.

Servius, après avoir ainsi classé l'infanterie, institua douze centuries de Chevaliers Romains, où il fit entrer l'élite de la Noblesse. Romulus en avait primitivement formé trois; elles se trouvèrent, dans la nouvelle institution, divisées en six, qui conservèrent le nom que leur avait donné le premier Législateur. Servius assigna, à chaque Citoyen de ces dix-huit centuries, sur le trésor public, une somme pour acheter des chevaux, & une pension pour

les nourrir : mais pour cette penſion , c'é-
taient les veuves romaines qui étaient
chargées de la payer (*a*).

C'eſt ainſi, dit le judicieux Tite-Live ,
que pour ne point décourager les pauvres,
Servius fit porter aux riches toutes les
charges de l'Etat : mais en même-temps ,
il eut la ſageſſe d'empêcher Rome de dé-
générer en pure Démocratie. Romulus

(*a*) C'eſt ici ſur-tout qu'on voit la néceſſité de
ſuivre l'évaluation de Denys d'Halicarnaſſe , &
non celle de Tite-Live. Ce dernier Hiſtorien
ſuppoſe que chaque Chevalier avait dix mille as
pour acheter des chevaux , & une penſion pareille
des veuves romaines , pour les nourrir. Si l'as était
en cette occaſion l'ancienne livre romaine , qui
répond à trente trois ſols quatre deniers de notre
monnaie , il s'enſuivrait que les dix mille as pris
ſur le tréſor de l'Etat , feraient 16666 livres , &
que la nourriture annuelle d'un cheval montait à
pareille ſomme , ce qui eſt le dernier période de
l'extravagance. Nous approchons beaucoup plus
de la vraiſemblance (je ne dis pas de la vérité) en
ſuppoſant que les dix mille as de Tite-Live répon-
dent aux vingt-cinq mines attiques , ou aux 1805 liv.
de Denys d'Halicarnaſſe.

avait voulu que chaque particulier donnât
sa voix, & jouît indistinctement d'un égal
pouvoir dans les assemblées nationales, &
cet ordre avait été maintenu par ses successeurs. Le nouveau Législateur mit une
telle gradation dans les suffrages, que sans
ravir à personne la faculté d'opiner, les
premiers de Rome se trouvèrent toujours
avoir la prépondérance : car on prenait
d'abord l'avis des Chevaliers Romains, &
après eux, celui des quatre-vingt centuries
de la première classe. Si les suffrages se
partageaient, ce qui était fort rare, on
appellait les centuries de la seconde : mais
il est presqu'inoui qu'on soit descendu
jusqu'à la troisième classe pour former la
pluralité.

Le chef-d'œuvre de la politique de
Servius consistait donc à avoir fait opiner
les Romains par centuries, au lieu de les
laisser opiner par têtes ; ce qui, en laissant
à chaque Plébeyen son suffrage dans le
droit, le rendait par le fait parfaitement
inutile. Car l'assemblée nationale, n'étant

compofée que de cent quatre-vingt-treize centuries, & la premiere claffe en formant elle feule, avec les Chevaliers Romains, quatre-vingt-dix-huit, il eft évident que quand elle était du même avis, elle formait la pluralité, & que les autres claffes qui entr'elles toutes, ne compofaient que quatre-vingt-quinze centuries, n'avaient aucune part à la légiflation.

Le Peuple d'abord ne s'apperçut pas du piége qu'on lui tendait. Flatté de voir fon nom à tous les décrets émanés de l'af-femblée nationale, il crut jouir encore du pouvoir fuprême. Servius, pour mieux fafciner fes yeux, lui laiffa même dans quelques occafions, la faculté d'opiner fuivant l'ancienne forme ; par exemple, dans l'élection de quelques Prêtres connus fous le nom de Flamines, du grand Curion, & d'un petit nombre de Magiftrats fubal-ternes : mais le coup était porté, & le Peuple Roi, privé, fans le favoir, du plus beau privilège du pouvoir fuprême, efclave couronné, allait ramper fous le joug de fes

Defpôtes, pour tomber, après l'extinction de la monarchie, fous celui de fuperbes Ariftocrates.

Servius avait été obligé (& c'eft une tache à fon inftitution républicaine) de menacer les Plébeyens de la prifon, ou même de la mort, pour les obliger à fe prêter à fon fameux dénombrement. Quand il fut achevé, il parut un Édit qui ordonnait à tous les Citoyens de s'affembler au point du jour dans le champ de Mars, chacun dans fa centurie : là, il fit une revue générale qui fut fuivie d'un facrifice d'expiation ; c'eft-à-dire, que le grand Pontife purifia les Romains, en faifant faire trois fois le tour du champ de Mars à un taureau, à un bouc & à un bélier, & en les immolant enfuite au Dieu de la guerre. C'eft de ce facrifice d'expiation, qu'on prit occafion d'appeller *Luftre*, la clôture des dénombremens. S'il en faut croire Denys d'Halicarnaffe, il fe trouva, au dénombrement de Servius, quatre - vingt - quatre mille fept cents hommes en état de porter les armes : on n'en trouve que quatre-vingt mille dans le calcul de Tite-Live.

Servius, dans la suite, augmenta encore ce nombre prodigieux de Citoyens, en y admettant les affranchis. Avant lui, les Rois s'étaient contentés de faire des Romains de tous les étrangers dont ils prenaient les villes d'assaut, ou qu'ils faisaient prisonniers sur le champ de bataille. Le nouveau Législateur y ajouta les esclaves qui avaient mérité qu'on brisât leurs chaînes : on leur laissait le choix, ou de retourner auprès de leurs Concitoyens, ou d'accepter dans Rome le droit de bourgeoisie. Les grands murmurèrent d'abord de cette institution qui semblait les avilir : mais Servius leur représenta que la nation n'avait point fait d'esclaves, & que par rapport aux nouveaux Citoyens dont le titre les faisait rougir, eux-mêmes en les affranchissant, les avaient jugés dignes de jouir de toutes les prérogatives de l'homme. Il aurait pu ajouter que dans les principes d'une fage légiflation , il faut que tout individu qui vit à l'ombre des loix fociales , ait un titre quelconque dans l'état qui le protège , & qu'un affranchi qui ne ferait ni de l'ordre des hommes libres, ni de la claffe des efclaves, ne tenant par aucun fil à l'adminiftration, ferait un monftre dans l'ordre politique : mais la raifon n'était pas affez avancée au temps de Tullius, pour qu'on admît ces grands principes qui tiennent à l'économie générale des Etats, & qu'on n'a gueres commencé à entrevoir que le fiècle dernier , lorfque Locke donnait des loix à la Caroline , & qu'Algernon Sidney préparait la révolution de la Grande-Bretagne.

Servius , après avoir reftraint dans de juftes limites l'autorité du Peuple qu'il gouvernait, afin de prévenir les révolutions du Trône, eut le courage de circonfcrire lui-même fon propre pouvoir , afin de l'empêcher de pefer fur fon Peuple. Ses prédéceffeurs jugaient en dernier reffort toutes les caufes, tant civiles que crimi-

nelles : il renvoya les premieres à la dé-
cifion d'un corps permanent de Magiftrats
à qui il donna un code de loix écrites pour
bafe de leurs décifions ; il ne retint pour
lui que le jugement des caufes criminelles.
Il eft probable que s'il avait vécu au fiècle
de Marc-Aurele, plus initié dans les mif-
tères d'une politique fublime, il n'aurait
confervé du pouvoir judiciaire, que le
droit de faire grace : prérogative admirable,
& le plus beau fleuron d'une Couronne,
quand ce font des enfans, plus faibles que
pervers, qui font gouvernés par un père de
famille.

Après avoir fait ainfi le bien de fa
nation, Servius voulut embraffer l'Italie
entière dans fa bienveillance tutélaire. Il
favait que fi la Grèce fervait à l'Europe de
barrière contre l'Afie, elle le devait à fa
fameufe confédération de villes libres,
fi connue fous le nom de la ligue des
Amphyctions. D'après ce fyftéme brillant
de politique, il réfolut de faire de toutes
les grandes villes des Latins une feule Ré-

publique, de manière que chacune jouis-
sant à part des privilèges de l'indépendance,
elles se réuniraient toutes contre l'ennemi
commun qui tenterait de les envahir: mais
l'éternelle rivalité de tous ces Peuples qui
avaient déjà senti tant de fois la supériorité
des armes romaines, semblait un obstacle
invincible à l'exécution de ce grand dessein.
Servius qui savait manier les esprits, les y
amena peu à peu, en ne les faisant mouvoir
que par le fil de la Religion.

Il y avait long-temps qu'on parlait avec
enthousiasme du Temple de Diane à Ephèse,
édifice superbe, à la construction duquel
presque toutes les villes de l'Asie mineure
& du Péloponese avaient contribué. Servius
qui, depuis long-temps, s'était attaché les
Latins par un commerce réciproque d'hospitalité, ne manquait jamais, quand il
conversait avec leurs Princes, de vanter
cette unanimité de culte entre tant de
Puissances diverses. A force de leur citer
l'exemple de la Grèce, il les engagea à
élever dans Rome, de concert avec lui,

un Temple de Diane. Son projet réuffit ;
les villes fe cottifèrent pour les frais du
monument , & il fut érigé fur le mont
Aventin. Pour donner la plus grande authenticité à la confédération politique qui
était le réfultat de l'érection de ce Temple,
le Roi de Rome fit élever une colonne
d'airain où le nom des Peuples confédérés
était gravé , ainfi que les actes de leur
union. Cette colonne , avec fon infcrip-
tion en langue grecque , fe voyait encore
au fanctuaire du Temple de Diane , dans
le fiècle de Denys d'Halicarnaffe.

L'érection d'un Temple bâti à Rome
par les Latins , avait encore un autre but
dans la politique de Tullius : c'était de leur
faire avouer tacitement que fa ville était la
métropole de l'Italie ; & comme il s'agif-
fait à cet égard de maîtrifer l'opinion populaire , il confirma , bientôt après , cet acte
de fupériorité , par un ftratagême digne de
la naïveté de ces temps barbares. Il y avait
dans le pays des Sabins un taureau d'une
taille prodigieufe qu'on nourriffait avec

le plus grand foin, comme un phénomène de la nature. Le propriétaire confulta les Devins : ceux-ci qui croyaient furnaturel tout ce qui étonnait leur faible intelligence, décidèrent que le taureau était un figne célefte, & que celui qui l'immolerait à Diane affurerait à fa patrie la prééminence fur les Peuples de l'Italie. Le Sabin, à l'inftant, fe propofe d'accomplir l'oracle, vient à Rome, & conduit fa victime à l'autel. Malheureufement la prophétie avait percé par-tout, & Tullius avait inftruit, fans doute, fon Prêtre de Diane du rôle qu'il devait jouer, quand on lui amenerait la victime. En effet, le Pontife Romain, à la vue du taureau monftrueux, fe rappellant l'oracle : *ô étranger, dit-il au Sabin, comment ofes-tu facrifier à Diane, fans être purifié ? Le Tibre coule au bas de cette colline : hâte-toi de t'y rendre digne d'offrir un facrifice.* Le Sabin plein de fcrupules, & defirant que le fuccès répondît à l'importance de l'oracle, fort du Temple & defcend vers le Tibre : en fon abfence, le

Pontife immole le taureau ; & d'après cette rufe puérile , l'Italie crédule croit que Rome eft deftinée par les Dieux pour être fa capitale.

ASSASSINAT

DE

SERVIUS=TULLIUS.

NOUVELLE

RÉVOLUTION.

UNE longue possession, & de grands services rendus aux Peuples, semblaient devoir mettre le Trône de Tullius à l'abri des révolutions : mais ce Prince avait appris un grand secret aux ambitieux : c'est qu'on pouvait se passer du suffrage d'une nation pour régner sur elle. Il est vrai qu'il rectifia dans la suite ce vice de son élection, en convoquant une assemblée générale, & en faisant mettre en délibération s'il était vraiment Roi de Rome. Cette démarche modeste parut lui réussir, & on lui conféra de nouveau la Couronne , avec une forte d'unanimité dont il n'y avait point eu d'exemple depuis Romulus.

Malheureusement ce Prince, pour s'af-furer, dans une circonstance aussi critique, la bienveillance de la multitude , avait partagé entre les Citoyens pauvres un ter-ritoire dont il venait de faire la conquête. Ce partage, fait contre le vœu du Sénat, lui en avait aliéné la plupart des mem-bres; & un des petits-fils de Tarquin avait profité de ces mouvemens pour se frayer une route au Trône qu'avait possédé son aïeul. Mais il faut remonter à l'exposition d'une première scène, pour connaître toute l'intrigue de cette tragédie, dont la mort de Servius fut le dénoûment.

Dès la première année du règne de Servius, ce Prince jugeant , par la haine des enfans d'Ancus Martius contre son beau-père, ce qu'il avait à appréhender de celle des petits-fils de Tarquin qu'il dépouillait de leur héritage, avait tenté de se mettre à l'abri des attentats d'une rivalité qui femblait légitime, en uniffant les intérêts des deux familles. Dans cette penfée, il avait donné à Lucius & à Aruns, petits-fils du Souverain auquel il avait fuccédé, fes deux filles en mariage.

Ce double hymen n'ayant point pour bafe la fympathie des caractères, parut conclu fous de finiftres aufpices. Cependant le mal qui en réfultait, ne s'annonça pas d'abord. On dirait, dit Tite-Live, que la fortune avait évité de joindre enfemble deux perfonnages de mœurs atroces pour le bonheur du Peuple Romain, afin que le règne de Servius fût de plus longue durée, & que ce Prince eût le temps de donner quelque permanence à fa belle légiflation.

Aruns, jeune homme de mœurs douces, & donnant les plus grandes efpérances à fa nation, avait époufé Tullie, femme d'un caractère violent & aguerri à tous les crimes, tandis que l'autre fille de Servius, née avec toutes les graces de fon fexe, avait été forcée de donner fa main au féroce Lucius, si connu dans la suite sous le nom de Tarquin le Superbe. Le germe de la discorde vint par Tullie : cette femme audacieuse, qui s'indignait de n'avoir dans ses bras qu'un honnête-homme, appellait sans cesse Lucius dont elle connaissait l'ambition éffrénée, un Héros digne du sang des demi-Dieux, & ne voyait qu'avec le sourire du dédain, sa sœur qui ayant un époux capable de tout entreprendre & de tout exécuter, tenait son génie dans l'inaction. La sympathie entre le caractère de Tullie & celui de Lucius les unit bientôt ensemble ; car la scélératesse est faite pour s'associer avec la scélératesse, & de cette union sinistre, il résulta un double attentat. Lucius fit périr sa femme & Tullie son époux ; ensuite les deux parricides, libres de tout engagement, s'épousèrent sous les yeux mêmes de Servius, qui toléra ce mariage plutôt qu'il ne lui donna son aveu.

Dès ce moment, les intrigues secrettes, les délations odieuses, les calomnies, tout fut mis en ufage par le couple fcélérat, pour amener le Roi à abdiquer la Couronne. Quand le complot fut parvenu à fa maturité, l'augufte vieillard fe crut obligé de fe traîner au Sénat, pour faire fon apologie. Denys d'Halicarnaffe lui prête en cette occafion un difcours qu'il ferait bien à fouhaiter pour la mémoire de ce grand homme, qu'il eût prononcé ; en voici la peroraifon :

« On prétend que dans ce Sénat même
» où je fais entendre une tremblante voix,
» il y a des complices de Tarquin qui
» conjurent ma perte ; j'oferai les inter-
» roger : fuis-je coupable envers l'Etat ou
» envers eux ? Peut-on me reprocher pen-
» dant ce règne dont ils accufent la lon-
» gueur, d'avoir manqué de modération
» dans l'ufage du pouvoir qu'on m'a confié,
» d'avoir livré au fupplice un Citoyen fans
» l'entendre, d'avoir porté atteinte à l'hon-
» neur des Dames Romaines ? Si je fuis
» convaincu d'être un tyran, je confens à
» perdre le Trône & la vie. Peut-être eft-

» on bleſſé d'une ſorte de fierté qui ſemble
» l'appanage du Diadême : mais j'en ap-
» pelle à la mémoire de tous les ſucceſſeurs
» de Romulus : en eſt-il un ſeul qui n'ait
» jamais abuſé, à cet égard, de la longue
» habitude du commandement : qui, tou-
» jours circonſpect & toujours modéré, ait
» embraſſé ſans ceſſe tous les membres de
» ſa nombreuſe famille dans la même bien-
» veillance ? Je ſuis loin de m'attribuer
» une perfection qui eſt à peine dans la
» nature humaine : mais du moins, mes
» faibleſſes en ce genre ne ſont pas des
» crimes. Je n'ai point uſé, dans toute
» ſon étendue, du privilège de ma Cou-
» ronne : mes inſtitutions ont aſſocié cette
» compagnie au Gouvernement, & tout
» Roi que je ſuis, je n'ai point voulu
» qu'on appellât à moi des jugemens qu'elle
» aurait portés. Telle eſt mon apologie :
» était-ce donc à moi de la prononcer ? Au
» reſte, ſi l'on croit que Tarquin tiendra
» avec plus d'adreſſe que moi le gouvernail
» de l'État, je n'envirai point à mes ſu-

» jets le bonheur de vivre fous fa domi-
» nation; je vais remettre ma Couronne
» entre les mains du Peuple qui me l'a
» confiée ; & s'il me condamne à la vie
» privée, je prouverai qu'avec une ame
» patriotique, on paffe fans regret du
» commandement à l'obéiffance, & que
» qui fait être Roi, fait être Sujet, quand
» l'intérêt général dépend d'un pareil fa-
» crifice ».

On fe doute bien que tant de géné-
rofité ne fervit qu'à mettre dans un plus
grand jour l'abominable Machiavélifme
de Tarquin. Cependant celui-ci ne fe
déconcerta pas; Tullie le preffait fans ceffe
de recueillir le fruit de leurs parricides.
J'avais un époux, lui difait-elle, *je pou-*
vais vivre avec lui obfcure & fervir ; mais
il me manquait un homme qui, fe fouvenant
qu'il était iffu du fang des Rois, aimât
mieux jouir du fceptre que de l'attendre : fi
tu es un homme, comme je m'en fuis flattée
en te donnant ma main, ofe donner ici
des loix. Qu'attends-tu pour agir? Tes

Dieux Pénates, l'image de ton aïeul, ce palais où tu résides, ce trône qui frappe tes regards, le grand nom que tu portes, tout t'invite à te faire Roi. Si quelques périls légers te découragent, pourquoi ai-je reçu ta foi ? Retourne à Corynthe, & reprends la bassesse de ton origine, vil imitateur d'Aruns, plutôt que l'émule du premier des Tarquins.

Tels étaient, dit le grand Historien que je me borne à transcrire, les reproches de Tullie ; elle s'animait elle-même en se comparant avec Tanaquil, qui, toute étrangère qu'elle était, avait eu assez de génie pour disposer deux fois du trône, & y placer successivement son époux & son gendre, tandis qu'elle, Princesse du sang Royal, n'avait pu encore ni donner ni ravir une couronne.

Tarquin ne pouvant échapper à la furie qui l'obsède sans cesse, se rend brusquement dans la place publique, avec une escorte de satellites : tout le Peuple est saisi d'épouvante. Le téméraire cependant va s'affeoir fur le trône placé devant la falle où s'affemblait le Sénat, & ordonne au Héraut de convoquer cette Compagnie en fon propre nom. Les Sénateurs fe rendent à l'inftant, les uns parce que leurs ames viles avaient été corrompues à prix d'argent, les autres parce que voyant le Tyran fur le point de confommer fon crime, ils appréhendaient qu'il ne les punît de n'avoir pris aucune part à la révolution.

Cependant on venait d'inftruire Servius de l'attentat de fon gendre. Le vieillard vénérable arrive, tandis que Lucius attifait par-tout, par fes harangues audacieufes, le feu de la révolte. *Téméraire, lui dit-il, quoi, je vis encore & tu ofes t'affeoir fur mon trône! — Sans doute, répond Tarquin, je reprends l'héritage de mes aïeux, & le petit-fils d'un Roi a plus de droit fans doute au rang fuprême, que l'enfant d'un efclave.*

Cependant les Sénateurs fe partageaient; le Peuple, inftruit de cette fcène abominable, se précipite dans le Sénat, & le trône allait devenir le prix de la violence. Tarquin, que le péril de sa vie entraîne à la nécessité de tout oser, fait usage de sa vigueur, saisit le vieillard auguste par le milieu du corps, le transporte hors de la salle, & le précipite du haut des degrés dans la place ; ensuite il rentre dans le Sénat, pour le contenir par sa présence.

Cependant la garde royale, effrayée de tant de mouvemens, avait pris la fuite. L'infortuné Tullius, tout froissé par sa chute, retournait d'un pas chancelant dans son palais, avec le petit nombre d'amis que la terreur n'avait pas encore écartés ; à peine appercevait-il le vestibule de cet édifice, où il était né, & où il ne devait plus rentrer, que les satellites de Tarquin, envoyés à sa poursuite, l'atteignirent & le massacrèrent.

L'atroce Tullie, de son côté, jouait un rôle digne d'elle, dans cette épouvantable tragédie. Au premier bruit de la révolution, elle monta sur son char, se rendit

dans la place ; & violant les mœurs publiques, en se montrant ainsi sans voile &
sans suite, devant un si grand nombre
d'hommes assemblés, elle tira Tarquin
du Sénat, & fut la première à le saluer
du nom de Roi. En retournant dans le
palais, l'esclave qui tenait les rênes de son
char, vit tout-à-coup devant lui le corps
ensanglanté de Servius, s'arrêta, saisi
d'horreur, & montra le cadavre à sa maîtresse. Mais la furie qui, depuis long-
temps, avait abjuré la nature, osa franchir cette barrière ; les furies, vengeresses
de son mari & de sa sœur, achevant
d'aliéner sa raison, elle fit passer son char
sur le corps de son père. Le char en fut
ensanglanté ; &, couverte elle-même de ce
sang, qui rejaillit jusques sur ses habits,
elle parut, dit Tite-Live, à la vue de
ses Dieux domestiques, qui, dans leur
indignation, l'abandonnèrent, ainsi que
son époux, à tous les désastres d'un règne
dont les commencemens avaient été aussi
sinistres.

Ainſi périt Servius, après un règne de quarante-quatre ans. Son Gouvernement avait été ſi modéré, que le meilleur Prince, en lui ſuccédant, aurait eu peine à ne pas le faire regretter. Ce qui ajoute encore à ſa gloire, dit l'éloquent Hiſtorien que j'interprête, c'eſt qu'il eſt le dernier des Rois de Rome qui ait joui d'un pouvoir légitime. Quoique ſa douceur tempérât ſon deſpotiſme, on a prétendu qu'il avait eu deſſein d'abdiquer, préciſément parce qu'il était deſpote. Ainſi, ſans le parricide de Tullie, peut-être que Rome, devenue République, aurait travaillé vingt-cinq ans plutôt à ſe rendre la capitale de l'Univers.

TYRANNIE
DE
TARQUIN-LE-SUPERBE,
SES
TRIOMPHES MILITAIRES
ET
SES MONUMENS.

TARQUIN II ou le Superbe, va, ainſi que Denys le tyran, Auguſte & Cromwel, offrir deux hommes très-différens aux pinceaux de l'Hiſtoire ; le ſcélérat à grand caractère qui oſe tout pour régner, & l'ambitieux ſatisfait qui, tranquille ſur un trône uſurpé, eſſaye du genre de gloire qui conſiſte à faire du bien aux hommes.

La première partie de cette carrière de

Tarquin, fut malheureusement trop longue. Nous l'avons vu empoisonnant sa femme, & faisant égorger son beau-père & son Roi, pour envahir sa couronne. Ces attentats ne furent que le prélude de sa tyrannie. Il priva le Monarque, qu'il avait assassiné, des honneurs de la sépulture, en alléguant, par une ironie amère, que Rome en avait privé Romulus. Un grand nombre de Sénateurs exhalèrent alors leur indignation en murmures, & Tarquin se vengea en les faisant mourir. Quand il eut ainsi diminué le nombre des défenseurs de la mémoire de Tullius, il ne voulut point les remplacer, persuadé qu'en affaiblissant le premier Corps de l'Etat, il le rendrait méprisable; ce qui lui assurerait l'impunité de ses crimes. Tel fut aussi le système de cette foule de monstres couronnés, qui, sous le nom de Césars, écrasèrent le monde, depuis Tibère jusqu'à Vespasien; ils ne remplissaient, dans aucun des grands Corps de la Nation, les vuides qu'y faisait leur despo-

tifme, afin que le Peuple, ne voyant au-
deſſus de lui que des êtres déshonorés,
fût moins frappé de l'opprobre du trône.
Sous ces règnes deſtructeurs, il ſuffiſait
de ſavoir qu'un Citoyen occupait un
rang élevé, pour être sûr que ſon ame ſervile était vendue à la tyrannie. Mais
n'empruntons pas les crayons de Tacite,
pour deſſiner les tableaux de Tite-Live.

Tarquin, après avoir abattu des têtes
illuſtres, ne dédaigna pas, quand ſon intérêt ou ſa cupidité l'exigeaient, d'en
faire tomber d'obſcures. Comme il avait
un grand nombre de délateurs & de ſatellites à payer, peu à peu la fortune à
ſes yeux devint un crime; il ſe faiſait
dénoncer les Citoyens les plus riches,
comme ſuſpects du crime ſi vague de
lèze-Majeſté, & il confiſquait leurs biens :
trop heureux les accuſés, quand l'indi-
gence & l'exil étaient le terme de leur
proſcription ! car d'après la tyrannie arbitraire de leur Juge, le mot de banniſſement ne devait pas ſortir plus ſouvent

de fa bouche impitoyable , que celui d'é-
chafaud.

La terreur générale que Tarquin infpirait , engagea un grand nombre de Citoyens à quitter Rome & à s'enfoncer
dans les déferts que forment les gorges de
l'Appennin ; mais il n'y a rien d'inaccef-
fible à la vigilance barbare des Tyrans.
Il y eut de ces infortunés qu'on alla en-
lever dans leurs retraites profondes, pour
les renfermer dans des cachots plus à
portée du defpote, auquel ils faifaient
ombrage ; d'autres furent cruellement
affaffinés , fans qu'on pût retrouver leurs
cadavres après leur mort, pour leur rendre
les honneurs funèbres. Au refte, cette
idée d'anéantir jufqu'aux traces d'un affaffinat, en laiffant quelqu'efpérance vague
aux parens d'une victime , leur était utile
à eux-mêmes : car c'était un crime de
pleurer l'ennemi d'un defpote , du moins
dans les codes criminels des Cambyfe,
des Phalaris & des Tarquin.

Cependant le Tyran de Rome, dans

les intervalles que lui laiffaient fes accès de férocité, fentit bientôt que feul contre tous, il ferait à la fin la victime de la haine générale qu'il infpirait. Alors il chercha dans l'amitié des Etrangers un appui contre la confédération tacite de fes Sujets. Les Latins formaient alors, de toutes les Puiffances voifines, celle qui avait le plus de prépondérance en Italie. Tarquin fe lia d'abord avec leurs Princes, par un commerce d'hofpitalité ; enfuite voyant que celui qui tenait dans fes mains la deftinée du Latium, était un Octavius-Mamilius, qui fe difait defcendant d'Ulyffe par la Magicienne Circé, il lui donna fa fille en mariage.

Malheureufement il était auffi dangereux d'être l'allié de Tarquin, que fon fujet. Les Latins ne tardèrent pas à gémir d'avoir établi quelque point de contact entre eux & la tyrannie. Le Roi de Rome avait propofé aux Princes du Latium une conférence dans le bois facré de Férente, pour y traiter de leurs intérêts refpectifs.

Ces Etrangers, au tems défigné, s'y rendirent
à la pointe du jour ; mais Tarquin , qui
fe jouait , par orgueil, de toutes les con-
venances, n'arriva qu'un moment avant le
coucher du foleil. La plupart des Latins
furent bleffés de ce mépris , entr'autres
Turnus, le Député d'Aricie, qui, n'ayant
pas eu l'adreffe de voiler fon reffentiment
pour le rendre plus fûr , ne tarda pas à
être la victime, dirai-je de fon courage,
dirai-je de fa témérité ?

Comme Tarquin n'avait aucune autorité légitime fur Turnus , il eut l'adreffe
de lui fuppofer des attentats. A l'aide de
quelques Citoyens d'Aricie , d'une fac-
tion oppofée à celle du Latin , il corrom-
pit, à force d'argent, un de fes efclaves,
& le fit confentir à laiffer entrer pendant
la nuit dans l'appartement de fon Maître,
une grande quantité d'épées ; ce qui fut
exécuté en filence. Le lendemain , un peu
avant le jour , le fourbe donnant aux
couleurs de fon vifage toutes les teintes
de l'effroi, annonce aux principaux mem-

bres de l'assemblée que Turnus a conf-
piré pour les massacrer tous, afin de règner
dans le Latium ; il ajoute, qu'à cet effet
il a rassemblé chez lui un grand nombre
d'épées, pour armer ses complices au
moment de l'exécution du complot. L'ambition de l'accusé & son audace donnait
quelques couleurs à cette calomnie. Les
Députés se rendent à l'instant dans sa
maison, avec quelque penchant à croire
son accusateur ; mais déterminés à ne se
décider qu'à la vue du dépôt d'armes.
L'infortuné, en ce moment critique, était
endormi ; on arrête ses esclaves, qui,
dans le premier mouvement de leur zèle,
se mettent en devoir de le défendre, ce
qui paraît déjà très-suspect aux Latins ;
ensuite, à la vue des épées que les réduits
de l'appartement recélaient de toutes
parts, on ne doute plus du complot : on
enchaîne Turnus, & on le condamne à
mort sans l'entendre. On inventa même
pour lui un nouveau genre de supplice ;
ce fut de le noyer sous une claye sur-

chargée de pierres, à la source du lac de Férente.

Le crime a ses succès passagers comme la vertu. On remercia publiquement Tarquin d'avoir sauvé l'assemblée, & on le reconnut Chef de la confédération des Latins. Le Tyran, pour ôter à ses nouveaux vassaux jusqu'à l'ombre de l'indépendance, incorpora leur armée dans ses légions.

Tite-Live, en avouant que Tarquin se conduisait en Tyran dans Rome, fait entendre que ce Prince était un grand homme à la tête des armées. Tite-Live, du moins à en juger par les faits, a peut-être prostitué ici le nom de Grand Homme. Je ne vois rien dans sa vie militaire qui puisse le faire entrer en parallèle avec les Cyrus, les Thémistocle & les Annibal.

Tarquin rompit avec les Volsques, dont il connaissait la fierté & la bravoure, avant même de pressentir l'instant où il pourrait les réduire ; aussi la guerre qu'il commença ne fut terminée qu'après deux cents ans, & coûta des flots de sang à Rome République.

Il fit le siége de Suessa-Pometia, une des métropoles de l'Italie; &, malgré les fréquens assauts qu'il donna à la place avec une armée nombreuse, il ne put venir à bout de s'en rendre le maître. Ce fut la disette de vivres qui fit tomber la garnison dans son pouvoir. Encore la férocité du vainqueur, après la capitulation, déshonora-t-elle à jamais sa victoire. Maître de la place, il fit passer au fil de l'épée tous les Citoyens qui furent trouvés les armes à la main; ensuite les femmes & les enfans furent condamnés à la servitude, & la ville entière abandonnée au pillage.

La conquête de Gabies annonce encore plus le Machiavélisme de Tarquin, que son génie guerrier. Ce Prince s'était présenté plusieurs fois devant ses remparts, pour la prendre d'assaut, & toujours on lui en avait fait lever le siège. C'est alors que, désespérant de triompher par la voie

des armes, il eut recours à un stratagême, que Tite-Live lui-même, tout
enthousiaste qu'il est de la gloire militaire de ce Tyran, juge indigne du nom
Romain.

Tarquin avait feint de renoncer pour
toujours à la conquête de Gabies, &
travaillait avec activité à jetter dans Rome
les fondemens d'un Temple de Jupiter.
Pendant ce temps là Sextus, le plus
jeune de ses fils, de concert avec lui, se
présente à Gabies sous le titre de trans-
fuge, & se plaint avec amertume aux
habitans, de la férocité de son père, qui,
pour ne point voir de rivaux dans les
héritiers de son trône, a attenté plusieurs
fois à sa vie. Les Gabiens, dupes de ce
stratagême perfide, accueillent le fourbe
avec bonté. *Cesse de t'étonner*, lui dirent-
ils, *que Tarquin, l'oppresseur de ses sujets
& le fléau de ses alliés, devienne encore le
persécuteur de ses enfans; il se frapperait
lui-même, s'il ne trouvait pas d'autres ali-
mens à sa fureur.* On peut juger, par ce

mot, de l'idée qu'avaient les Gabiens, foit de la tyrannie, foit du Tyran.

Sextus fut bientôt admis dans les confeils de la ville. Enfuite on l'envoya à la tête d'une jeuneffe déterminée, faire le dégât dans le territoire de Rome. Comme fes petites expéditions, toujours concertées avec fon père, tournaient d'ordinaire à fon avantage, la confiance des Gabiens devint fans bornes, & enfin on l'élut Général de l'armée. Ses manières populaires avec les foldats le rendirent bientôt auffi abfolu dans Gabies, que Tarquin lui-même l'était dans fa capitale.

Lorfque ce jeune Prince fe crut affez de pouvoir pour confommer fa perfidie, il envoya un des agens de fa tramè à Rome, pour demander à fon père ce qu'il devait faire d'une ville que les Dieux lui avaient abandonnée. Tarquin, qui fe défiait du Négociateur, ne lui fit aucune réponfe verbale ; mais feignant de vouloir réfléchir, il le fit entrer avec lui dans fon jardin, & là, fe promenant en filence, il s'amuſa à abattre, avec un bâton, les tiges de ſes pavots. Sextus fut inſtruit, par ſon agent, du ſilence obſtiné de Tarquin ; mais par ce que ce Prince avait fait, devinant ce qu'il n'avait pas voulu dire, il fit périr ſucceſſivement les principaux Citoyens de Gabies, faiſant exécuter les uns en ſecret ; &, ſur les plus frivoles prétextes envoyant les autres au ſupplice. Enfin, quand la ville ſe trouva ſans Chef pour la conſeiller, & ſans ſoldats pour la défendre, il la livra ſans combat au reſſentiment de Tarquin.

On cite encore une campagne glorieuſe contre les Sabins, mais ſur laquelle il eſt difficile d'aſſeoir la renommée d'un grand Capitaine. L'ennemi avait deux armées, l'une à Erète & l'autre à Fidènes. Le Général Sabin, déterminé à livrer bataille, voulut réunir les deux corps de troupes : mais Tarquin ayant eu le bonheur de ſurprendre le Courier qui portait les dépêches, voulut devoir ſa victoire à un ſtratagême. A la faveur de la nuit, il fit

filer la moitié de fon armée fur le chemin
de Fidènes ; & , à la pointe du jour, il fe
préfenta avec l'autre fur le champ de
bataille. On en vint aux mains de part
& d'autre , & l'on combattit long-
temps avec un égal avantage. Ce ne fut
qu'à la fin de la mêlée, que le refte des
légions Romaines vint prendre les Sabins
par derrière , & les tailla en pièces. Il eft
évident que Tarquin avait manqué d'expérience militaire, en ne combinant pas
le moment de l'action , avec le temps où
il fuppofait que l'armée qu'il avait fait
partir fur la route de Fidènes , pouvait
être de retour. Tout le fang Romain qui
avait coulé dans l'intervalle , avait été
verfé fans fruit ; & tout Tyran qu'on eft,
il y aurait de la ftupidité à ne pas regarder
comme précieux un fang qui fert à rem-
porter des victoires.

Au refte , la bataille d'Erète eut les
fuites les plus heureufes pour la domination Romaine. Les Sabins , campés à Fidènes , s'étaient mis en marche d'eux-

mêmes pour se réunir au premier corps d'armée : dès qu'ils apperçurent les Romains qui portaient en triomphe à l'extrémité de leurs piques les têtes des Généraux vaincus, ils n'eurent pas le courage de se venger, & ils se rendirent sans tirer l'épée. Tarquin, de ce moment, donna des loix humiliantes aux Sabins, leur imposa un tribut onéreux, & regarda leurs métropoles comme annexées à sa Monarchie.

Tarquin a un peu plus mérité de sa patrie par les monumens qu'il a érigés, que par sa gloire militaire.

Il entoura l'amphithéatre de portiques, sous lesquels le Peuple pût être à couvert, & il conduisit jusqu'au Tibre le grand égoût destiné à purger la ville de ses immondices ; deux ouvrages immortels, dit Tite-Live, & auxquels la magnificence du siècle d'Auguste n'a rien à comparer.

Le plus célèbre des monumens de Tarquin est sans contredit le Temple de Jupiter au Capitole. Nous avons vu que son aïeul avait préparé ce grand ouvrage, en coupant un rocher & en applaniffant le terrein qui devait fervir de bafe à l'édifice. Le Prince dont nous écrivons la vie, éleva le monument, & il y mit d'autant plus d'activité, qu'il croyait en tirer une gloire plus durable que de fes conquêtes. Il fe flattait que la poftérité dirait de ce Temple : *C'eft l'ouvrage immortel des deux Tarquins ; l'aïeul l'a voué, & le petit-fils l'a bâti.*

Comme ce Temple du Capitole devint dans la fuite le centre de la grandeur Romaine, fes Hiftoriens n'ont pas manqué d'entourer fa fondation de merveilles : au moment, dit Tite-Live, où le Prince en pofait les fondemens, les Dieux tutélaires de la patrie s'empifferent à faire connaître par divers prodiges que la grandeur de Rome écraferait un jour l'Univers. Ainfi le vol facré des oifeaux ayant autorifé la démolition de tous les petits Temples confacrés aux Dieux fubalternes, quand on en vint au Dieu des limites, autrement appellé le Dieu Terme (*a*), les auſpices cefsèrent d'être favorables ; alors les Augures interprétèrent ſon obſtination, & dirent que puiſque c'était la ſeule Divinité qui refuſât de ſe déplacer, Rome pouvait ſe flatter de conſerver à jamais l'empire de l'Univers.

La Logique de la raiſon naturelle eſt ici en contradiction avec la Logique de l'Oracle ; car du moment que le Dieu Terme refuſe de ſe déplacer, il annonce que les limites de Rome ſont fixées pour jamais. Or, la Poſtérité de Romulus devait ſe trouver peu flattée de l'éternité de ſon Empire, s'il devait être borné à l'enceinte des murs du Capitole ; mais il ne

---

(*a*) Les Sculpteurs le figuraient par un tronc d'arbre, planté en terre, ou par une pierre quadrangulaire, ſurmontée d'une tête d'homme. On regardait comme ſacrilège celui qui oſait déranger ce Dieu-Borne de ſa place. C'était un nouveau frein pour contenir l'homme ambitieux, qui voulait attenter au droit ſacré de la propriété.

faut pas demander de la raison aux Oracles, pourvû que les Peuples imbéciles y croyent, & qu'il y ait toujours des offrandes fur les autels.

Il y avait une allufion un peu plus heureufe dans la découverte qu'on fit, en creufant les fondemens du Temple de Jupiter, d'une tête humaine, qui confervait encore toute fa fraîcheur. Tarquin furpris, dit-on, d'un pareil phénomène, fit ceffer les travaux pour confulter les Devins. *Romains*, dit avec adreffe l'Etrurien qui les préfidait, *rapportez à votre Roi que la volonté du Deftin eft que le lieu où l'on a trouvé une tête, devienne un jour la Capitale du Monde* (a). De ce moment, le côteau qui avait été appellé primitivement le Mont de Saturne, & enfuite le Mont Tarpéyen, fut défigné fous le nom de *Capitole*.

Ce fameux Temple de Jupiter, à la

(*a*) La fineffe de cette allufion vient du terme latin *caput*, qui fignifie tête, & d'où dérive le mot de Capitole.

fondation duquel l'Hiſtoire tient occupés
tous les Dieux de la Mythologie, ne fut
cependant pas achevé par Tarquin. Le
renverſement du trône de ce Prince l'empêcha d'y mettre la dernière main ; &
Rome ne put jouir du plus auguſte de ſes
monumens, que vers la troiſième année
de la République. Cet édifice, bâti ſur
la cîme de la montagne, était à peu près
quadrangulaire, & avait deux cents pieds
dans toutes ſes dimenſions. Du moins
Denys d'Halicarnaſſe en juge ainſi, parce
que ce Temple ayant été détruit par un
incendie, on en éleva un ſecond ſur le
même plan, qui ne différait de l'ancien
que par la magnificence des ornemens, &
non par les proportions de l'architecture.
Fabius croit que ce Temple de Jupiter
coûta à Tarquin ſeulement quarante ta-
lens (un peu plus de deux cents ſeize
mille livres de notre monnaie) ; mais
Piſon fait monter les frais de ſon érection,
à quarante mille livres d'argent peſant,
qui, à cinquante-deux livres le marc, ſe-

raient aujourd'hui quatre millions cent soixante mille livres. Le premier calcul, qui se rapproche plus de la disette du numéraire en ces temps-là, & par conséquent de la vraisemblance, a été adopté par le Sage Tite-Live.

Quand Tarquin eut achevé (à l'exception du grand Temple du Capitole) tous les monumens utiles qu'il élevait, soit pour sa gloire, soit pour le bien de ses Peuples, appréhendant que la multitude oisive ne fût à charge au Trône, ou à elle-même, il l'envoya aux frontières de sa Monarchie, pour y fonder deux colonies, l'une à Signia & l'autre à Circée, destinées à devenir les boulevards de Rome ; l'une du côte de la mer, & l'autre de celui des montagnes.

HISTOIRE

DE

BRUTUS,

ET

SUICIDE DE LUCRÈCE.

Tous les Tyrans sont superstitieux : ce sont les remords qui s'arment du flambeau des Furies pour punir l'homme puissant d'avoir abjuré la Nature. Tarquin avait plus de superstition que le vulgaire des usurpateurs. On le voit toujours entouré des augures, soit qu'il médite des crimes, soit qu'il élève des monumens. Ses terreurs religieuses ne remplirent point son attente, & nous allons voir les mesures mêmes qu'il prend du côté du Ciel, pour avoir le droit de tyranniser la Terre, amener peu à peu la dissolution de sa Monarchie.

L'aventure superſtitieuſe qui donna occaſion à Brutus de développer ſon génie contre les tyrans de Rome, avait été précédée d'une autre non moins étrange, qu'a recueillie la crédulité minutieuſe de Denys d'Halicarnaſſe. *Rome, dit-il, fit alors, par la protection des Génies, une découverte heureuſe, qui ne lui procura pas ſeulement la proſpérité du moment, mais qui ſouvent, dans les dangers les plus éminens, devint ſa ſauve-garde.* Ce palladium de l'Etat, dû à la *protection des Génies,* n'eſt autre choſe, qui le croirait, qu'un recueil d'oracles des Sybilles. Une Etrangère, dit l'Hiſtorien, vint trouver Tarquin, & s'offrit à lui vendre neuf volumes de ces frivoles Prophéties. Le Tyran refuſa d'y mettre le prix demandé ; alors elle brûla trois volumes, & revint peu de temps après propoſer les ſix autres au même prix qu'elle avait voulu vendre les neuf : le Prince la traita d'inſenſée, & la renvoya. La Sybille ne ſe déconcerta point ; elle alla jetter encore trois volumes dans les flammes, & se repréfenta de nouveau à l'audience du Prince, exigeant pour le refte de la collection, la même fomme qu'elle avait demandée pour la totalité. Tarquin, étonné de cette fermeté, foupçonna que le Ciel infpirait la Sybille, & fur l'avis des augures, acheta les trois volumes d'oracles. *A peine,* ajoute Denys, *le Monarque eut-il entre les mains ce dépôt religieux, que la Sybille difparut.* La raifon ne s'attend guère à un pareil dénoûment. Quoi qu'il en foit, rien ne fut plus facré dans l'ancienne Rome, que ce recueil d'oracles. Le Sénat lui-même s'abaiffait quelquefois à les confulter ; on les avait enfermés, dès l'origine, dans des coffres de pierre, qu'on avait placés fous les voûtes de l'ancien Temple de Jupiter : ils furent brûlés au temps des guerres civiles de Sylla & de Marius, dans l'incendie du Capitole.

L'anecdote de la Sybille fe lie tout naturellement avec un autre trait de la fuperftition de Tarquin, bien plus important aux yeux du Philosophe, parce qu'il fut le germe de la fondation de la République.

Tandis que Tarquin, en proie à ses remords, cherchait à se dérober à lui-même en élevant des monumens, un phénomène parut dans le palais : c'était un serpent monstrueux, qu'on vit sortir d'une vieille colonne de bois qui lui servait d'asyle. Cet évènement, qui n'est pas rare dans les climats chauds, naturellement féconds en reptiles, faute d'avoir été observé par des yeux physiciens, parut un prodige aux Courtisans de Tarquin, qui s'enfuirent avec horreur. Pour le Tyran, son cœur bourrelé, s'ouvrit encore plus à l'inquiétude qu'à la frayeur. Jusqu'alors, pour toutes les autres merveilles religieuses, il s'était contenté de consulter les Devins d'Etrurie ; mais dans cette occasion, persuadé que le serpent, Ministre des Dieux, lui annonçait quelque désastre personnel, il se proposa d'interroger l'Oracle de Delphes, alors le plus célèbre de l'Univers. Ce furent ſes deux fils Titus & Aruns, qui furent chargés de rapporter la réponſe de la Pythie, & ceux-ci nommèrent le fameux Junius Brutus, pour les accompagner dans leur voyage.

Junius, iſſu, dit-on, d'un des compagnons d'Enée, tenait à la famille royale par ſa mère, fille du premier Tarquin. On l'avait élevé avec ſoin, à cauſe des grandes eſpérances qu'il donnait à ſa Nation ; mais le génie ne ſaurait germer ſans péril à la cour des Tyrans. Le jeune Héros voyant que Tarquin avait fait périr ſon frère aîné & ſon père, & que ſes regards farouches ne ſe promenaient ſur ſa nombreuſe famille, que pour compter ſes victimes, pour ne point donner de l'aliment à ſa jalouſie, chercha, dit Tite-Live, dans le mépris du Tyran, une ſûreté qu'il ne pouvait attendre de la protection des loix ; il contrefit l'inſenſé, ſe laiſſa dépouiller de tous ſes biens avec le ſourire de l'apathie, & reçut, avec une joie apparente, le nom de Brutus, par lequel on croyait défigner fa ftupidité ; mais fous lequel ce grand homme, caché, attendait en filence l'inftant de donner à Rome un Libérateur.

Les enfans de Tarquin, en mettant Brutus de leur voyage de Delphes, s'étaient moins propofés d'avoir un tiers dans le fecret de leur négociation, qu'un bouffon plein de gaieté qui les amufât par fes extravagances. Le prétendu bouffon joua fon perfonnage avec la plus grande intelligence ; ce qui ne l'empêchait pas, quand il le pouvait fans danger, de laiffer échapper des traits qui décelaient fon vrai caractère. Nous en devons deux au patriotifme minutieux de Tite-Live, qui ne laiffe rien échapper de ce qu'il croit devoir embellir le berceau de fa République.

Il était d'ufage, quand on voulait fe rendre le Dieu de Delphes favorable, ou plutôt les Prêtres qui defservaient fon Temple, de préfenter fur l'autel une offrande, avant d'interroger la Pythie. Brutus offrit au Dieu une fimple canne de cornouiller, hommage qui parut aux fils de Tarquin digne de fa faible intelligence; mais le Héros, qui ne voulait en impofer qu'aux hommes, avait fait creufer auparavant la canne, & y avait renfermé une baguette d'or. C'était le fymbole de fa grande ame, cachée fous l'enveloppe d'un bouffon. Les Prêtres d'Apollon devinèrent Brutus, & accueillirent la branche de cornouiller à caufe de la baguette.

La feconde anecdote n'annonce dans Brutus que le talent de deviner des énigmes facerdotales. Quand les fils de Tarquin eurent exécuté l'objet de leur voyage, ils eurent la curiofité de confulter l'Oracle, pour favoir celui d'entre eux qui était deftiné à régner : il fortit alors, dit-on, du fond de l'antre facré une voix qui affura le Trône de Rome au premier des Envoyés de Tarquin, qui baiferait fa mère. Les deux Princes convinrent de tenir cette réponfe fecrette, afin de donner l'exclufion à Sextus leur frère : ils tirèrent enfuite au fort le privilège de baifer le premier Tullie, leur mère, à leur ar-

rivée dans Rome. Mais Brutus, qui se
défiait de tout Oracle qui n'était pas
énigmatique, eut le bon esprit de donner
une autre interprétation au mot de la
Pythie. Aussi en sortant de Delphes, il se
laissa tomber, comme sans dessein, &
baisa ainsi la terre, la mère commune de
tous les hommes. On sent assez que
l'Oracle, ainsi que l'interprétation n'ont pu
être imaginés que lorsque Brutus eut fondé
la République.

Pendant que Brutus endormait, avec
sa feinte stupidité, la sombre jalousie de
Tarquin, un des fils du Tyran accélérait,
par un outrage fait aux mœurs publiques,
l'orage prêt à gronder sur sa tête. Cet
évènement, qu'on a vu passer tant de fois
en revue, soit sur nos théatres, soit dans
nos galeries de tableaux, n'a peut-être jamais eu plus d'intérêt que dans la descrip-
tion primitive, c'est-à-dire dans l'Histoire
de Tite-Live.

Les Romains, dit ce grand Peintre,
faisaient alors le siége d'Ardée, Métro-

pole du Latium : on tenta d'abord de prendre la ville d'affaut ; mais comme les expéditions de bravoure ne réuffiffaient guère à Tarquin, ce Prince fe réduifit, après de vaines tentatives, à intercepter les convois, & à changer le fiége en blocus. Pendant cette campagne, où les Romains avaient moins befoin de courage que de patience, il y avait dans le camp beaucoup de liberté ; les fils du tyran paffaient fur-tout leur temps en parties de plaifir. Un jour qu'ils étaient à table dans la tente de Sextus avec Collatin, neveu du premier des Tarquins, l'entretien tomba fur les femmes ; chaque convive donna à la fienne les éloges que lui dictait l'amour-propre plutôt que l'amour, & au moment où la difpute commençait à s'échauffer, Collatin leur propofa de leur montrer la fienne, bien fûr, difait-il, que la vue de ce chef-d'œuvre de la nature les convaincrait de fa fupériorité fur fes rivales. La nuit n'était encore qu'à fon premier crépufcule. Toute cette jeu-

nesse, échauffée par le vin, monte aussi-tôt
à cheval, & se rend à Collatie. Lucrèce
(c'est le nom de l'Héroïne) était alors oc-
cupée, comme les Princesses du siecle
d'Homère, à filer du lin avec ses esclaves;
la vue de ses charmes sans apprêt, le
contraste de ses yeux étincelans de joie &
de désirs à l'approche de son époux, avec
la réserve que lui inspirait l'aspect de plusieurs étrangers, tout servit à enflammer
par degré les enfans de Tarquin. Sextus
sur-tout, bien moins maître de lui-même,
conçut pour Lucrèce la passion la plus
effrénée, & n'ayant pas le loisir d'appri-
voiser sa pudeur par un long manège de
soins & de services, il résolut de triompher d'elle, en lui faisant violence.

Cependant les Princes étaient retournés
au camp d'Ardée, & de nouvelles orgies
semblaient avoir fait oublier la partie de
Collatie. Tout-à-coup Sextus, à l'insçu
de Collatin, se présente avec un seul de
ses gens, dans la maison de Lucrèce;
comme personne ne soupçonnait ses pro-

jets finistres, on l'accueillit avec toute la distinction que méritait le fils d'un Roi; &, après le souper, un esclave le conduisit dans l'appartement qui lui était destiné. Quand la nuit eut amené le calme dans la maison, & que tout le monde parut assoupi, Sextus, plein de sa passion, se glisse jusqu'au lit de Lucrèce, presse d'une main le sein palpitant de cette beauté à demi-endormie, & de l'autre faisant briller une épée nue à ses yeux : *Reconnais Sextus*, lui dit-il d'une voix féroce, quoiqu'à demi-éteinte par l'ivresse du désir ; *si tu profères un seul mot, voici le dernier instant de ta vie.* Lucrèce se réveille comme sortant d'un rêve finistre qui a agité ses sens, & à la vue du fer qui étincelle, elle cherche en vain dans tout ce qui l'environne, une ressource contre la mort qui la menace. Le fils de Tarquin, qui la croit à demi-vaincue par sa frayeur, tombe alors à ses pieds, cherche à faire passer dans ses sens la flamme qui le dévore, & employe tous

les ſtratagêmes de l'amour pour triompher de ſa pudeur. Lucrèce, dans l'intervalle, avait retrouvé ſon ame toute
entière, & elle enchaîna un moment
l'audace avec la ſeule éloquence de la
vertu. Cependant un tel triomphe ne
pouvait durer long-temps : le beau dé-
ſordre de ſes cheveux, ſes charmes que
la défenſe même ſemblait expoſer, ſes
pleurs qui ne tombaient de ſes yeux que
pour rendre ſes graces plus touchantes ;
ce tableau ſéduiſant, dis-je, détruiſait
tout l'effet de ſes diſcours ; Sextus y pui-
ſait ſans ceſſe de nouveaux feux, & quand
ſa paſſion fut à ſon dernier période d'activité, furieux de voir la conſtance de l'Héroïne à l'épreuve même de la mort, il
oſa l'attaquer par la crainte de l'infamie.
Je placerai, dit-il, *dans ce lit, un eſclave
égorgé, & la mort ne paroîtra que la juſte
punition du plus infâme des adultères.* Ce
nouveau genre de menace porta l'épouvante dans le cœur de Lucrèce ; elle
ſavait mourir, mais elle n'était pas aſſez

forte pour laisser passer son nom flétri aux races futures ; elle céda donc en frémissant : alors le scélérat jouit, & se crut heureux.

A peine Sextus était-il parti, que Lucrèce éperdue envoya un exprès à Rome auprès de son père, & un autre à Ardée, auprès de son époux ; on les conjurait au nom de tout ce qui leur était le plus cher, de se rendre à l'instant à Collatie. Tous deux accourent, & emmènent avec eux Valère & Brutus. A peine Collatin a-t-il passé le seuil de sa porte, que Lucrèce embrasse ses genoux qu'elle arrose de ses larmes amères. *Vois ce lit nuptial, dit-elle d'une voix qu'interrompent à chaque instant ses sanglots ; il fut un temps où il était pur comme mon ame ; il ne l'est plus, un monstre l'a souillé : au reste, il n'y a que mon corps de coupable, mon cœur est innocent, & ma mort en sera le témoignage ; mais jure-moi que l'infâme Sextus ne jouira point de son triomphe adultère ; c'est lui qui, le poignard à la main, m'a*

fait

fait violence. Il a emporté de cette maison une joie bien fatale pour moi ; mais elle ne tardera pas à le devenir encore plus pour lui, s'il reste encore quelque courage à mon père & à mon époux.

Tous les spectateurs de cette scène terrible jurent de venger Lucrèce ; ensuite Collatin cherche à la consoler ; il fait parler tour-à-tour le sentiment & la raison, pour lui persuader qu'il ne pouvait y avoir de délit où il n'y avait point de consentement. *C'est à vous tous*, répond l'Héroïne, *à voir ce que mérite Sextus ; pour moi, en me déclarant exempte de crime, je ne m'exempte pas du supplice. Je ne veux pas qu'une femme adultère puisse désormais s'autoriser de l'exemple de Lucrèce, pour survivre à son opprobre.* A ces mots, elle tire un poignard qu'elle tenait caché sous sa robe, le plonge dans son sein, & tombe expirante dans les bras de son père & de son époux, qui, dans un silence stupide à la vue d'un pareil spectacle, s'étonnent de ne pas mourir eux-mêmes de leur propre douleur.

On s'eſt long-temps diviſé en morale ſur le fameux ſuicide de Lucrèce ; pour moi, il me ſemble que cette Héroïne Romaine qui ſe poignarde, non pour ſe dérober à l'incontinence de Sextus, mais pour ſe punir de l'avoir partagée, malgré le tableau éloquent de Tite-Live, ne mérite pas un grand enthouſiaſme de la part du Philoſophe. Un homme ſeul avec une femme ne la viole pas ; ainſi Lucrèce devait ſonger à ſe défendre, & non à ſe tuer. La menace d'égorger un eſclave dans ſon lit, en effrayant ſa pudeur, ne devait pas anéantir ſa vertu : tôt ou tard le cri de la vérité ſe ferait fait entendre, & Rome aurait jugé entre la cendre d'une Romaine & la vie d'un fils de Tarquin. De plus, quand même l'adreſſe d'un ſcélérat aurait à jamais faſciné les yeux de ſes concitoyens, Lucrèce n'avait-elle pas pour barrière entre lui & elle, Dieu & l'immortalité ? Enfin, ſi les mœurs outragées avaient besoin de quelque victime, il fallait la chercher dans l'audace qui triomphe, & non dans la faiblesse qui a succombé ; il fallait poignarder Sextus, & non commettre un suicide.

RÉVOLUTION

QUI OTE LE TRONE

A TARQUIN.

DISSOLUTION

DE LA MONARCHIE

ROMAINE.

C'EST Brutus que Rome méconnaissait encore, qui, rendu à lui-même par l'attentat de Sextus, & jettant au loin ce masque de stupidité qui dérobait son génie aux yeux des tyrans, eut le courage de se faire le libérateur de sa patrie. Pendant que le père & l'époux de l'infortunée se livraient aux accès d'une douleur stérile, le Héros tirant du sein de Lucrèce le poignard sanglant & le tenant élevé : *Être supréme*, dit-il, *je te prends à témoin de mon serment ; je jure par ce*

*fang fi pur avant l'attentat de Sextus, que,
le fer & le feu à la main, je pourfuivrai
fa vengeance fur Tarquin, fur fon époufe
fcélérate, & fur toute fa race criminelle:
je jure auffi que déformais cette Rome, dont
je ferai le libérateur, ne fera plus gouvernée
par des Rois.* Lucrétius, Valère & Collatin ne pouvaient revenir de leur fur-
prife, de voir tant de courage & d'élévation dans l'ame du bouffon des Tarquins;
mais entraînés par fon enthoufiafme, ils
répetent tous le ferment terrible, & jurent
de frapper du même coup la tyrannie &
les tyrans.

Comme les révolutions ne s'opèrent
chez les peuples neufs que par de grands
fpectacles, Brutus fit porter dans la place
publique de Collatie, un lit de parade
tendu de noir, où repofait fans voile le
corps enfanglanté de Lucrèce. Ce fpectacle
attire des flots de peuple, qui fe preffent
autour de ce corps inanimé, comme pour
lire dans fa bleffure le motif de fa mort.
Brutus prend la parole, expofe avec feu
l'attentat de Sextus, & voyant l'indigna-

tion se peindre sur tous les visages, propose de suppléer au silence timide des
loix, en frappant à la fois le coupable &
ses protecteurs. La jeunesse, plus susceptible d'enthousiasme, court à l'instant aux
armes, & son exemple entraîne le reste
des Citoyens. Le Héros laisse des gardes
aux portes de Collatie, pour empêcher
que la nouvelle de la révolution ne parvienne jusqu'à Tarquin ; & , à la tête
de l'élite des guerriers qui ont épousé
sa vengeance , il prend le chemin de
Rome.

Tarquin , en ce moment, n'était point
dans sa capitale : la vue de tant de soldats
excita d'abord une grande rumeur dans la
ville ; mais quand on vit à leur tête les
Citoyens les plus distingués, on se rassura
sur l'audace de l'entreprise & sur ses
motifs. Bientôt la nouvelle de la mort
tragique de Lucrèce se répandit, & le
peuple, qui est le même par-tout, éprouva
dans Rome la même indignation qu'il
avait éprouvée à Collatie ; il maudit la

tyrannie, & appella par ſes vœux un Libérateur.

Ce Libérateur était devant les yeux des Romains, & perſonne ne l'appercevait, parce que le rôle ſervile qu'il avait été contraint de jouer à la Cour de Tarquin, avait entouré ſa perſonne du mépris public. Mais peu à peu les yeux de la multitude ſe deſſillèrent. Brutus, en qualité de Capitaine de Gardes, convoqua le peuple en l'abſence du Roi, & lui parla, avec véhémence, contre les deſpotes qui ſe jouaient à leur gré de la pudeur des femmes & de la vie des hommes. On regrette que ce diſcours, qui demandait tous les mouvemens de la plus ſublime éloquence, ne nous ait été interprété que par la plume froide & prolixe de Denys d'Halicarnaſſe (a).

(a) On ſe doute bien que nous ne donnons que l'eſprit de la harangue diffuſe de cet Hiſtorien, qui était Rhéteur, mais non éloquent, & qui, élevé à l'école des Déclamateurs, ſemble

« Romains, dit ce grand homme, vous
» vous étonnez fans doute de voir ce
» Brutus, qui ne vous était connu que
» par un titre de mépris, monter dans
» cette tribune, pour vous dénoncer les
» ennemis de la patrie. Mais ma ftupi-
» dité, ouvrage de la politique, n'était
» faite que pour en impofer à des Tyrans.
» Tarquin, à fon avènement au Trône,
» fit égorger mon père pour s'emparer de
» fa fortune ; dans la fuite, il figna la
» mort de mon frère, pour prévenir fa
» vengeance, & tôt ou tard j'aurais été
» enveloppé dans la même prefcription,
» fi je n'avais éludé fa fureur jaloufe, en
» voilant ma raifon à fes regards ; mais il

---

avoir fait fon hiftoire pour lier, par un fil quelconque, fes harangues, au lieu de faire fes harangues pour fon hiftoire. Au refte, le difcours
de Brutus mérite ici quelqu'attention, à caufe des
faits qu'il renferme, & qui jettent un grand jour,
foit fur la perfonne du dernier tyran de Rome, foit
fur celle de fon libérateur.

» est temps, après vingt-cinq ans d'op-
» preffion, de jetter ce mafque, qui pe-
» fait à mon courage ; & après avoir été
» tout le cours d'un règne deftructeur,
» le jouet d'un defpote, je renais aujour-
» d'hui pour le punir & vous venger.

   » Tarquin, vous le favez, eut une jeu-
» neffe orageufe & criminelle, monta fur
» le Trône fans votre aveu, & s'y main-
» tint par fes violences. C'eft lui qui,
» n'étant encore que fimple Citoyen, em-
» poifonna Aruns fon frère, & égorgea
» une époufe vertueufe qui l'avait rendu
» père de plufieurs enfans. Dédaignant
» affez les hommes pour croire ne pas
» avoir befoin de couvrir fa fcélérateffe
› du voile de l'hypocrifie, lorfque les
» cadavres de fes victimes brûlaient en-
» core fur le bûcher, impatient de jouir
» du fruit de fes parricides, il conduifit
» folemnellement au lit nuptial cette
» Tullie, la complice & l'inftrument de
» toutes fes violences.

   » L'impunité appelle tous les crimes.

» Tarquin voyant le Ciel & la Nation
» tranquille, attenta aux jours de son
» Souverain, & priva son corps sanglant
» des honneurs du bûcher. Il ne respecta
» pas davantage Tarquinie, la femme de
» ce Prince, qui l'avait élevé avec la ten-
» dresse d'une mère, & il la fit étrangler,
» avant que cette infortunée pût arroser
» de ses pleurs la tombe de son époux.

» Devenu Roi par tant de meurtres,
» Tarquin a-t-il respecté les loix fonda-
» mentales de cette Monarchie ? A-t-il
» invoqué la puissance tutélaire du Sénat ?
» S'est-il concerté avec les Magistrats de
» l'interrègne ? A-t-il reçu sa couronne
» des mains du peuple ? Non, son droit
» a été son épée ; & parce que les nôtres
» sont restés dans le fourreau, il s'est cru
» un Roi légitime.

» Un règne commencé sous des aus-
» pices aussi sinistres, ne promettait que
» des désastres ; & notre attente cruelle
» n'a point été trompée. Voyez dans quel
» avilissement est réduit l'ordre des Patri-

» ciens ; tout ce qui faifait l'honneur de
» Rome, languit dans l'exil ou a péri fous
» les coups de la tyrannie, & nous, nous
» ne tenons à la vie que par le mépris
» que nous infpirons & par notre pau-
» vreté.

    » Je vous attefte maintenant, Romains
» qui m'écoutez ; que font devenues ces
» loix dont vous étiez fi fiers ? Avez-vous
» le droit de tenir vos Comices ? Êtes-vous
» confultés pour les grandes affaires de
» l'Etat ? Ce n'eft point un Roi qui vous
» gouverne, c'eft un Maître impitoyable qui
» appefantit la verge du defpotifme fur fes
» efclaves. Il élève des monumens; mais c'eft
» pour écrafer fa Nation d'une gloire qui ne
» peut lui furvivre. C'eft pour l'empêcher
» de jetter fes regards fur le Trône, qu'il
» a changé des guerriers en vils ma-
» nœuvres condamnés aux carrières, &
» qu'il a réduit les Conquérans de l'Italie
» à vuider des égoûts.

    » Si du moins la mort de Tarquin
» pouvait nous faire efpérer des jours heu-

» reux, tranquilles sur le sort de notre
» postérité, nous gémirions en silence;
» mais le dernier soupir du Tyran n'est
» pas celui de la tyrannie. Tarquin a des
» fils, qui déjà lui ressemblent. L'attentat
» de Sextus, qui nous rassemble aujour-
» d'hui, vous annonce de quoi est capable
» toute cette race d'usurpateurs. Lucrèce,
» l'épouse du Gouverneur de Collatie,
» l'avait accueilli avec bonté dans sa mai-
» son, & pour reconnaissance le scélérat
» l'a violée. L'infortunée n'a pu survivre
» à son opprobre, & s'en est punie par un
» coup de poignard. Eh ! quelle leçon son
» suicide ne donne-t-il pas à tous ses
» Concitoyens ? Quoi ! cette Héroïne n'a
» subi qu'une nuit la tyrannie qui a voulu
» la dégrader, cependant elle s'est donné
» la mort : & nous qui, depuis vingt-cinq
» ans, subissons toutes ses fureurs, nous
» n'osons périr avec gloire pour être les
» Libérateurs de notre pays ! Non, Ro-
» mains, il ne sera pas dit que les ven-
» geurs de Lucrèce vous auront parlé en

» vain ; la poſtérité n'accuſera pas les
» hommes généreux qui ont rompu les
» fers des Volſques & des Sabins, de
» n'avoir rien tenté pour vivre eux-mêmes
» dans l'indépendance ».

Ce diſcours prononcé avec feu, eut
tout l'effet que l'Orateur pouvait en attendre. Chacun des Citoyens ſentit que
Brutus lui donnait ſon ame, & ſe déter-
mina à voir couler ſon ſang, pourvu qu'il
fût la dernière victime de la tyrannie.
Au milieu de cette fermentation générale, on recueillit les ſuffrages. Alors
Tarquin fut déclaré ſolemnellement dé-
chu du Trône, & on le condamna, lui,
ſa femme & ſes fils, au banniſſement.

Brutus profita de ces mouvemens pour
groſſir ſa cohorte, de tous les Romains
qui voulurent ſe ranger ſous ſes éten-
dards ; enſuite ayant confié la garde de
Rome à Lucrétius, il ſe rendit au camp
d'Ardée, pour y ſoulever l'armée contre
Tarquin. C'eſt dans l'intervalle de ce tumulte, que Tullie ſe ſauva du palais,

pourſuivie par-tout où elle paſſait par les imprécations du peuple, qui invoquait contre elle les furies vengereſſes des parricides.

Cependant la nouvelle de la révolution était déjà parvenue au camp. Des ſatellites de la tyrannie, qui ne pouvaient exiſter ſans elle, étaient ſortis de Rome avant que Brutus en fît fermer les portes, & s'étaient empreſſés à inſtruire Tarquin du péril qui le menaçait. Le deſpote qui, malgré les glaces de l'âge, avait toute l'activité que donne l'eſprit de domination, partit à l'inſtant pour retenir le ſceptre qui s'échappait de ſes mains. Brutus, qui en fut informé, ſe détourna de la route ordinaire pour éviter ſa rencontre ; ainſi ils arrivèrent preſqu'au même inſtant, l'un au camp d'Ardée, & l'autre devant Rome. Tarquin trouva les portes de ſa capitale fermées, & on lui notifia le décret de ſon exil. Pour l'armée, elle reçut avec tranſport le Libérateur de la patrie, & vomit de ſon ſein les enfans du

Tyran, & fur-tout le fcélérat qui avait violé Lucrèce. Les premiers fuivirent leur père à Céré en Etrurie, que ce Prince avait choifi pour le lieu de fon exil. Quant à Sextus, il fe rendit à Gabies, qu'il regardait depuis long-temps comme fon apanage ; mais la haine générale le fuivait par-tout, & il fut maffacré dans cette ville par quelques Citoyens, qu'il avait foulevés autrefois par fes meurtres & fes brigandages.

Ainfi fut chaffé de Rome Tarquin le Superbe, après une tyrannie de vingt-cinq ans. Il avait mérité fon fort, fans doute ; puifque ne poffédant point un Trône héréditaire, il s'y était affis fans confulter fa Nation ; puifqu'il avait rompu, en fe mettant fans ceffe au-deffus des loix, le contrat tacite qui lie même un defpote à fes efclaves ; puifque les attentats qu'il commettait, ou du moins qu'il ne puniffait pas, attaquant les hommes à la fois dans leur propriété, dans leur honneur & dans leur vie, il les mettait tous dans le cas de la défenfe naturelle. Ofons le dire; Tarquin fut moins détrôné par des rebelles, qu'il ne fut puni par fes Juges ; & l'arrêt terrible prononcé contre lui par fon peuple, ne fera jamais caffé par la morale), quand l'Hiftoire de Rome fera écrite par un Philofophe.

D'après ces principes, & fur-tout les faits qui les ont fait naître, comment eft-il échappé à l'illuftre Montefquieu un panégyrique de Tarquin ? L'autorité de ce grand Homme, le Légiflateur-né des Nations, a trop de poids à nos yeux pour que nous ne cherchions pas à la balancer par celle de la vérité.

« Le portrait de Tarquin n'a point été
» flatté ; fon nom n'a échappé à aucun
» des Orateurs qui ont eu à parler contre
» la tyrannie : mais fa modeftie, avant
» fes malheurs, que l'on voit qu'il pré-
» voyait ; fa douceur pour les peuples
» vaincus, fa libéralité envers les foldats,
» cet art qu'il eut d'intéreffer tant de
» gens à fa confervation, fes ouvrages

» publics,

» publics, fa conftance dans le malheur,
» une guerre de vingt ans qu'il fit ou fit
» faire au peuple Romain, fans royaume
» & fans biens, font voir que ce n'était
» pas un homme méprifable.

» Les places que la poftérité donne,
» font fujettes, comme les autres, au
» caprice de la fortune ! Malheur à la
» réputation de tout Prince qui eft oppri-
» mé, ou qui a tenté de détruire un
» préjugé qui lui furvit (a) » !

Montefquieu, en défendant Tarquin,
a eu en vue fans doute de détruire l'ido-
latrie, que les Modernes ont confervée,
pour les Ecrivains éloquens qui ont écrit
les annales de l'ancienne Rome, & ce
but eft infiniment refpectable. Il eft certain qu'il réfulte pour la poftérité, un
grand inconvénient d'une Hiftoire écrite
avec un patriotifme qui dénature les faits:

____

(a) Œuvres du Préfid. de Montefquieu, *Grandeur & Décadence des Romains*, tome VI,
page 5.

on en aime peut-être davantage l'Historien ; mais on ne fait jamais la vérité.

Cependant le fcepticifme en Hiftoire, ne doit pas s'étendre jufqu'à mettre fans ceffe notre logique à la place des évènemens. Il eft évident que depuis plus de vingt-deux fiècles que Tarquin a difparu de la terre, qu'il fouillait de fes crimes, il y a eu un concert fingulier entre tous les Ecrivains pour flétrir fa mémoire. Ces Ecrivains, je le fais, ont copié Denys d'Halicarnaffe & Tite-Live ; mais Montefquieu, qui infirme leur fuffrage, a fuivi les mêmes guides. Il n'exifte aucun Hiftorien original qui ait fait l'apologie de Tarquin ; & jufqu'à ce que cet Hiftorien fe rencontre, il paraîtra toujours très-étrange, qu'en partant également du récit de Tite-Live & de Denys d'Halicarnaffe, cent mille voix s'élèvent pour flétrir un defpote, & un feul pour faire fon panégyrique.

Montefquieu parle de la *modeftie de Tarquin, avant fon malheur, que l'on voit qu'il prévoyait.* Je n'apperçois dans l'Histoire aucune trace de la modestie de ce despote : il mit sur sa tête une couronne qui ne lui appartenait pas ; il triompha, avec insolence, des Nations que ses stratagêmes, & non sa valeur, lui firent dompter. Quant à son malheur, s'il l'avait prévu, il n'aurait pas quitté sa capitale la veille d'une émeute ; il aurait prévenu, par une discipline exacte dans le camp d'Ardée, l'attentat de son fils ; sur-tout il se serait fait assez d'amis dans Rome, pour que le viol d'une femme de Collatie n'entrainât pas l'exil d'un Roi & la dissolution de sa Monarchie.

Sa douceur envers les peuples vaincus, consistait, comme nous l'avons vû, à les faire passer au fil de l'épée, quand leur défaite les laissait sans défense à la merci des vainqueurs. Si quelquefois ce despote impitoyable ne punissait les peuples qui faisaient ombrage à sa politique, qu'en leur ôtant leur patrie, c'est qu'après avoir fait, par sa cruauté, un désert de ses propres Etats, il craignait de manquer de satellites de ses fureurs. Il laissait respirer des bourreaux, pour avoir toujours de nouvelles victimes.

Il eut l'art, dit le Philosophe, *d'intéresser tant de gens à sa conservation!* Il intéressa, pendant vingt-cinq ans, au soutien de la tyrannie, tous les êtres vils & pervers qui ne pouvaient exister que par elle : encore quand la révolution s'opéra, cet intérêt s'évanouit. Tarquin se trouva seul contre une Nation entière ; & le Citoyen le plus dégradé ne voulut pas devenir son appui, pour ne pas paraître son complice.

La guerre de vingt ans que, sans biens & sans Royaume, il fit faire au peuple Romain, ne prouve autre chose, sinon que Rome était entourée de Puissances rivales, qui cherchaient tous les prétextes pour conjurer sa ruine. Tarquin, il est vrai, n'avait ni soldat pour soutenir ces Puissances, ni or pour soudoyer leurs armées ; mais il avait été Roi de Rome,

& ce nom de Roi leur fuffifait pour flétrir
du titre de rebelles les Guerriers qui les
faifaient trembler fur le champ de bataille.

Tarquin, du côté du génie, ne fut
pas *méprifable* fans doute. Dans fes expéditions, il fuppléa, avec fuccès, à la bravoure par des ftratagêmes militaires ; il
éleva des monumens utiles à fa Nation ;
il fit le mal même avec une forte d'éner-
gie, puifque Roi, il contint vingt-cinq ans
Rome par la terreur de fon nom ; & que,
dans l'exil , il l'effraya encore par fes
vengeances. Mais fi le mépris pour la
perfonne d'un defpote n'eft point incom-
patible avec la vénération qu'infpire
fon génie, lors même qu'il en abufe ,
quel être fut jamais plus méprifable que
ce Tarquin , qui écrafa fon pays par fon
defpotifme , & qui tourmenta les autres
par fa manie de conquêtes ; que l'homme
d'Etat ne put approcher fans fe rendre
vil ou fans expofer fa tête, & qui ne
conferva , pendant une génération pref-

qu'entière, que par un syftême réfléchi de tyrannie, la couronne qu'il avait acquife par fes parricides !

Tarquin avait, comme nous l'avons déjà dit, appéfanti pendant vingt-cinq ans, un fceptre de fer fur les Romains, quand il fut détrôné. Et comme il y avait deux cent quarante-quatre ans, à cette époque, que Rome était fondée, il s'enfuit que la révolution qui fit de cette ville une République, tombe à l'an 509 avant l'ère vulgaire, ou à la dernière année de la foixante-feptième olympiade. C'eft à cette année mémorable, que la chronologie Romaine peut commencer à faire ufage de l'ère des faftes du Capitole.

FASTES

DE

L'ANCIENNE ITALIE,

ET DE ROME,

SOUS LES ROIS.

Notre objet n'est point de concilier ici les chronologies modernes ; il faudrait plus de temps pour arranger un syftême moyen fur les faftes de l'ancienne Italie, que pour écrire fes annales. Il fuffit, pour claffer les faits dans la tête des gens de goût qui raifonnent l'Hiftoire en la lifant, d'établir un ordre quelconque dans les évènemens inacceffibles à la chrono-logie, & de fixer, pour les temps pofté-rieurs, des époques finon fûres, du moins affez probables, pour n'être point expofé à errer fans guide dans ce vafte dédale de faits. Nos guides, pour ces époques, feront Cenforin, Denys d'Halicarnaffe, qui paraît avoir adopté les principes d'Eratof-thène, & les Mémoires de l'Académie.

Ordre des évènemens inacceffibles à la Chronologie.

Naiffance de la grande péninfule de l'Italie ; lorfque d'un côté l'Océan pénétrant par le Détroit de Gibraltar, forme cette partie de la Méditerranée, qui fait effort contre le Latium & l'Errurie, & que de l'autre, un torrent de la grande mer, détourné de fa route primitive & couvrant l'ifthme de Suèz, fe prolonge entre le Picénum & la Dalmatie, pour former le Golfe Adriatique.

Population de l'Atlantide, patrie des Aborigènes, qui vinrent habiter l'Italie primitive.

Affreux tremblement de terre, qui détache la Sicile du continent de l'Italie. Les Ecrivains, qui ont placé cet évènement peu après l'âge d'Œnotrus, ou pendant la vie des enfans d'Eole, fils d'Hellen, petit-fils de Deucalion, c'eſt-à-dire, il y a environ trente-deux ſiècles & demi, ont ſuivi les calculs très-ſuſpects d'Euſtathe ſur Denys Périégète. Cet Euſtathe ne connaiſſait point la Géographie Phyſique du globe, & ne peut donner aucune lumière ſur l'ancienne chronologie.

Saturne, Roi de l'Atlantide, gouverne à la fois la Sicile, l'Italie & l'Afrique.

Jupiter défait Saturne, le détrône & le force d'errer d'aſyle en aſyle, juſqu'à ce que les peuples du Latium le reçoivent dans leur contrée. Il témoigne ſa reconnaiſſance à ſes bienfaiteurs, en inſtituant l'abominable uſage des victimes humaines.

Un tremblement de terre engloutit en une ſeule nuit, s'il en faut croire Platon, le vaſte continent de l'Atlantide; il ne reſte des débris de ce monde ſubmergé, que les deux petites iſles de la Corſe & de la Sardaigne.

	Durée jufqu'à nous.
Chronologie vraifemblable de l'ancienne Italie, jufqu'à l'époque des faftes du Capitole (a).	
Œnotrus, fuivant une tradition probable, conduit une colonie en Italie	3499
Une peuplade d'Illyriens, fuivant Freret, pénétre en Italie par fon extrémité feptentrionale . . .	3280
Première colonie qui, fuivant des Mémoires, peut-être fufpects, paffe d'Italie en Sicile	3074
Siculus, d'après la même tradition, conduit une feconde colonie en Sicile, & donne fon nom à fa conquête	3069
Expédition d'Hercule en Afrique, en Efpagne & en Italie . . .	3055

____

(a) Il ne faut pas oublier que dans notre évaluation, la durée jufqu'à nous n'eft calculée que jufqu'en 1780.

	Durée jufqu'à nous.
Faunus époufe la Maîtreffe d'Hercule, & règne dans le Latium	3053
Une peuplade d'Arcadiens, fous la conduite d'Evandre, aborde en Italie	3049
Latinus, Roi du Latium, monte fur le Trône	3019
Enée & Antenor trahiffent leur Souverain & leur patrie ; ils livrent Troye à l'armée d'Agamemnon . .	2989
Antenor vient à la tête d'une peuplade de Troyens & d'Hénètes, fonder Venife dans les lagunes de la mer Adriatique.	
Enée, fuivant le récit des Hiftoriens de Rome & de fes Poëtes, récit qui n'a jamais pu avoir d'authenticité qu'aux yeux d'Augufte, dont il flattait la vanité, aborde avec fa flotte en Thrace, & vient paffer l'hiver en Sicile	2988
Les Troyens defcendent en Italie.	2987
Enée époufe Lavinie, fille de	

	Durée jusqu'à nous.
Latinus, & bâtit une ville à laquelle il donne le nom de cette Princeffe (*a*)	2986
Latinus eft tué dans la guerre contre Turnus, Roi des Rutules, & Enée lui fuccède fur le Trône des Latins	2985
Mort d'Anchife. Pour la mère d'Enée, on ignore quand elle a ceffé de vivre. Quelques anciens ont écrit que c'était la plus belle femme de fon temps. C'eft ce qui engagea fans doute les Poëtes à en faire la Déeffe de la Beauté . .	2983
Enée, fuivant la mythologie, eft enlevé au Ciel. Suivant l'Hiftoire, il traverfe le fleuve Numicius & y eft noyé (*b*)	2982

(*a*) *Caton*, dans Servius, fur le vers 760 du fixieme livre de l'Enéiœe.

(*b*) L'Abbé Lenglet du Frefnoy, dans fes *Tablettes Chronologiques*, induit ici en erreur, en rapprochant de nous cet

Obfervons que dans toute cette
chronologie de la vie d'Enée, nous
avons fuivi l'opinion poétique de
la defcente de ce Héros en Italie.
Dans lá vérité hiftorique, tout
nous porte à croire qu'il a régné,
& qu'il eft mort dans la Troade.

Avènement d'Euryléon, qui
prit dans la fuite le nom d'Afcagne, au Trône des Latins. Naiffance de Sylvius, fils pofthume
d'Enée & de Lavinie 2981

Guerre d'Afcagne avec Mézen-
ce, Roi de l'Etrurie; paix qui fixe
le Tibre pour limite entre les
deux Monarchies 2978

Lavinie fort de la retraite pro-

évènement de trois ans. Il eft évident, par
un texte d'Aurélius Victor, chap. 15,
qu'Enée né régna que quatre ans depuis
la mort de Latinus ; &, quand d'après
d'autres Hiftoriens, on prolonge ce règne
jufqu'à fept ans, il faut néceffairement
les dater de la prife de Troye.

fonde où elle s'était cachée depuis la mort d'Enée, & vient dans la capitale des Latins demander le sceptre qui est dû à Sylvius, son fils.   2944

Ascagne voyant la révolution qui se prépare, abandonne Lavinium à son concurrent, & va bâtir, à quelque distance, la ville d'Albe, où il établit sa résidence . . . . . .

Observons que le calcul que nous venons d'adopter contredit formellement celui qui, en donnant 487 ans de durée à la Monarchie d'Albe, fixe à l'an 2447 l'époque de la destruction de cette ville par Tullus-Hostilius : alors a Monarchie aurait duré dix ans de plus. Tout se concilierait peut-être, en supposant qu'Albe, dix ans avant sa chute, n'avait plus de vrais Souverains. En effet, c'était un Dictateur qui la gouvernait,

lorſqu'elle fut raſée par l'ordre
d'Hoſtilius.

	Durée juſqu'à nous.
Mort d'Aſcagne & avènement de Sylvius	2943
Jule, fils d'Aſcagne, eſt exclus du Trône par les Latins, & ſon rival le conſole en le revêtant du ſouverain Sacerdoce.	
Fondation d'Albe, ſuivant le ſyſtême ordinaire des Chronologiſtes	2934
Enée Sylvius remplace ſon père au Trône d'Albe	2914
Latinus ſuccède à Enée . . .	2883
Avènement d'Alba	2832
Commencement du règne d'Atys	2793
Capys devient Roi d'Albe . .	2767
Capetus ſuccède à Capys . .	2739
Tiberinus remplace Capys ſur le Trône d'Albe	2726
Tiberinus ſe noye dans l'Albula, auquel il donne ſon nom. Agrippa eſt ſon ſucceſſeur . .	2718

Romulus monte après Agrippa
fur le Trône d'Albe, qu'il dèsho-
nora par fes crimes . . . . . | 2677

Romulus, le Caligula des Albains, au rapport de Denys d'Halicarnaffe, eft noyé dans un débor-
dement du lac Albain , & fuivant
le plus grand nombre des Hiftoriens , eft tué d'un coup de ton-
nerre. Avènement d'Aventinus .. | 2658

Aventinus eft inhumé fur une
colline de Rome, à laquelle il
donne fon nom. Règne de Pro-
cas . . . . | 2621

A la mort de Procas, Numitor
& Amulius fe difputent le Trône
d'Albe . . . . | 2598

Traité qui fépare en deux l'héritage de Procas : on met, d'un
côté, Albe, & de l'autre l'argent
fauvé du fac de Troye. Numitor
choifit le Royaume ; mais Amulius, maître du tréfor, achete une
armée & détrône fon frère.

Durée jufqu'à nous.

	Durée jusqu'à nous.
Amulius assassine, à la chasse, Egeste, fils de Numitor, & fait courir le bruit que des brigands l'ont tué	2573
Rhéa-Sylvia, sœur d'Egeste, est mise au rang des Vestales . .	2572
Sylvia se laisse violer, dans un bois consacré à Mars. Naissance de Romulus & de Rémus	2571
Supplice de Rhéa-Sylvia. Ses deux enfans sont exposés sur le Tibre ; ils sont sauvés par le berger Faustulus. Romulus & Rémus vont attaquer les bêtes féroces dans leurs repaires, & réprimer les brigands dans leurs courses	2557
Rémus est pris par les bergers de Numitor, enchaîné & conduit à Albe ; il est reconnu par son pere. Révolution dans la Monarchie. Massacre d'Amulius	2556
Ici se présente la plus grande	

difficulté que puisse faire naître la chronologie de l'ancienne Italie.

Denys d'Halicarnasse, le meilleur guide que l'on puisse suivre sur les origines latines, donne 432 ans de durée, à l'intervalle qui s'est écoulé, entre la fondation de Rome & la prise de Troye; & il fonde son opinion sur l'autorité réunie de Caton & d'Eratosthène. Or, Troye, d'après le monument célèbre des marbres de Paros, a été prise il y a 2989 ans; & si de ce nombre vous ôtez les 432 ans donnés par Denys d'Halicarnasse, vous tombez à la fin de l'an 2557, ou tout au plus au commencement de 2556, époque que nous avons fixée pour le massacre d'Amulius.

Mais Rome n'a point été fondée il y a 2556 ans, mais vingt-trois ans plus tard, c'est-à-dire l'an 2533, comme il est démontré par les fastes du Capitole.

Durée jusqu'à nous.

2556

Denys d'Halicarnasse lui-même, qui ne diffère, à cet égard, que d'un an, de ces marbres célèbres, place la fondation de Rome il y a 2532 ans. Il s'est donc évidemment trompé, ou dans les détails particuliers qu'il donne des règnes des Rois d'Albe, ou dans la somme totale de 432 ans, qu'il fixe pour l'intervalle qui s'est écoulé entre la fondation de Rome & la prise de Troye.

En vain des Savans du plus grand poids ont-ils voulu sauver cette erreur de calcul, en examinant si ces 432 ans sont des années solaires. Ce systême ne raccourcit l'espace donné que d'onze ans, & il en reste toujours douze d'erreur. Il est assez probable que le peu de justesse de cette hypothèse, vient de ce que les Grecs de l'Asie Mineure, parmi lesquels Denys était né, n'étaient pas d'accord entre eux, fur le temps qui s'eft écoulé, depuis la prife de Troye jufqu'à la première des olympiades.

Au milieu de cette nuit profonde, où aucun flambleau chronologique ne nous éclaire, il a fallu prendre un parti : d'un côté, on ne peut toucher aux calculs de détail des Rois d'Albe, parce qu'ils ne bleffent en rien la vraifemblance hiftorique ; de l'autre, les deux grandes époques de la prife de Troye & de la fondation de Rome, font fixées, de manière à ne pouvoir admettre aucun fyftême moyen. Alors voici ce que nous avons imaginé, pour concilier Denys d'Halicarnaffe (autant qu'il eft poffible) avec lui-même, fans altérer les deux monumens précieux, foit de l'ère de Paros, foit des marbres du Capitole.

S'il fallait admettre la fondation

Durée
jufqu'à
nous.
—
2556

de Rome précisément 432 ans après la prise de Troye, Romulus étant né l'an 2571 avant nous, il s'ensuivrait qu'en 2556, époque où il bâtit Rome, il n'aurait eu que quinze ans ; mais assurément la raison s'oppose à la construction d'une ville, faite par un Héros de quinze ans; ne vaut-il pas mieux placer dans Albe, & à la suite du règne d'Amulius, le vuide de 23 ans, que nous trouvons entre la chronologie de Denys & celle des fastes du Capitole ? la logique naturelle se prête merveilleusement à cette hypothèse.

Je conçois parfaitement comment Romulus, ayant, à l'âge de quatorze ans, fait massacrer Amulius, rendit le Trône d'Albe à Numitor, qui, quoique commençant à être appésanti sous les glaces de l'âge, put encore le conserver vingt-trois ans. Mais dans l'inter-

Durée jusqu'à nous.
2556

valle, les deux jeunes Princes durent tenir les rênes du Gouvernement; la vieillesse de Numitor ne pouvant être regardée par les peuples que comme un nouveau genre de minorité.

Ces vingt-trois ans du règne de Numitor, ajoutés aux quarante-deux de l'usurpation d'Amulius, ne formant qu'une somme de soixante-cinq ans, rien ne répugne à admettre que le premier de ces Princes avait quinze ans, quand Procas, son pere, mourut; ce qui conduit à fixer seulement à quatre-vingts ans, la durée totale de la vie de l'ayeul de Romulus.

D'une hypothèse aussi simple, la lumière paraît naître, & se répandre sur toute la chronologie qui précède l'Ere du Capitole.

La rivalité de Romulus & de Rémus, qui avait paru assoupie, pendant les vingt-trois ans du regne

Durée
jusqu'à
nous.
2556

de Numitor, ayant éclaté avec fureur à la mort de ce Prince, & les citoyens d'Albe n'ayant pas voulu allumer une guerre civile, pour décider lequel de ces deux defpotes les gouvernerait, les petits-fils de Numitor choifirent un nouveau théatre de difcorde, & vinrent fonder une ville, non loin de la rive du fleuve où ils avaient été expofés. Un autre motif déjà allégué, qui put les engager à quitter Albe, c'eft que n'ayant jamais raffemblé fous leurs drapeaux que des hommes chargés de dettes, de vils efclaves & des criminels échappés au glaive de la loi, la poftérité d'Enée n'aurait jamais confenti à vivre avec cette lie des Latins ; il fallait donc à ces fugitifs un afyle où ils puffent fe faire craindre, & non fe faire connaître.

D'après ces données, pour réfoudre le problême chronologi-

	Durée jufqu'à nous.
	2556

que qui nous occupe, on voit que Romulus, quand il vint fonder Rome, avait non quinze ans, mais trente-huit; âge qui unit une imagination vigoureuſe, à la raiſon, dans toute ſa maturité : c'eſt alors qu'un homme à grand caractère peut bâtir des villes, ſe créer des peuples, & devenir le légiſlateur de ſa monarchie.

	Durée juſqu'à nous.
	2556

FASTES de l'ancienne Rome, depuis ſa fondation, juſqu'à la naiſſance de la République.

	Ere du Cap.

Nous avons rapporté les motifs qui nous empêchent d'adopter pour le calcul des années de la fondation de Rome, l'opinion de Varron. Les principaux ſont que ce calcul n'eſt fondé que ſur une eſpèce de centurie de Noſtradamus, & que l'éclipſe totale du ſoleil, par laquelle on a voulu illuſtrer la conception de Romulus, eſt niée par les Aſtronomes.

Il nous a paru bien plus ſimple, dans une Hiſtoire des Hommes, où on fait la guerre à toute eſpèce de préjugé, d'adopter l'évaluation tirée des Marbres célèbres renfermés au Vatican, qu'on connaît ſous le nom de Faſtes du Capitole. Au reſte, comme l'hypothèſe de Varron, toute erronée qu'elle nous paraît, a été adoptée par preſque tous les Grands Hommes, depuis Scaliger juſqu'à Freret, qui ſe ſont occupés à défricher les landes de la chronologie, nous raſſurerons cette claſſe de lecteur qui croit moins à la raiſon qu'aux autorités, en leur diſant que l'Ere Varronienne ne differe que d'un an de celle du Capitole ;

Ere du Cap.	Durée juſqu'à nous.

	Ere du Cap.	Durée jusqu'à nous.

encore il ne ferait point diffi-cile de les concilier, en exami-nant à quel mois on peut rap-porter leur époque primitive; car notre manière d'arranger l'année civile étant différente de la fupputation ordinaire des anciens, il s'enfuit qu'un fait, fuivant qu'on le place au com-mencement ou à la fin d'une année romaine, peut fe rap-porter à deux de nos années modernes; mais ce ferait fe dé-fier des lumières de ce fiècle philofophique, que de s'appe-fantir davantage fur la juftifi-cation de l'Ere du Capitole.

Fondation de Rome. . .

Affaffinat de Remus.

Romulus eft proclamé Roi de Rome.

Romulus envoye des Am-baffadeurs à tous les peuples voifins, pour demander la

	Ere du Cap.	Durée jusqu'à nous.
Fondation de Rome.		2533

	Ere du Cap.	Durée jusqu'à nous.
permiſſion de contracter des alliances avec eux, en s'uniſſant enſemble par des mariages.	2	2531
Enlevement des Sabines. Plutarque dit dans ſa Vie de Romulus, que cet événement, date du quatrieme mois de la fondation de Rome : il ſe trompe évidemment. C'eſt la quatrième année que devait dire ce Philoſophe, comme le démontre Denys d'Halicarnaſſe, dans ſes Antiquités Romaines.	3	2536
Triomphe de Romulus ſur les Céniniens. Ce Prince trace l'emplacement d'un temple de Jupiter.		
Les Sabins s'emparent de la citadelle de Rome. Paix entre les deux peuples, cimentée par l'aſſociation de Tatius, Roi des Sabins, au trône de Romulus.	6	2527

	Ere du Cap.	Durée jufqu'à nous.
Rome qui n'avait point encore d'année civile , reçoit des Sabins fon calendrier. . .	7	2526
Ravage fait par les Sabins , fur le territoire de Lavinium.	11	2522
Affaffinat des Ambaffadeurs de Lavinium , qui viennent demander juftice.		
Le peuple de Lavinium fe venge de Tatius , en le maffacrant fur les marches de l'autel où il venait offrir un facrifice.	12	2521
Romulus triomphe dé quelques peuples obfcurs de l'Ombrie.	15	2518
Nouveau triomphe de ce Prince fur la ville de Veyes...	21	2512

Romulus eft maffacré au milieu d'un orage , par les Sénateurs, qui gémiffaient fous fon defpotifme. La tradition ordinaire eft qu'il avait alors 55 ans ; mais notre conciliation

des calculs de Denys d'Halicarnaſſe, avec l'Ere du Capitole, nous conduit à lui en
donner 75. Au reſte, cette va-
riation ne regarde que les années, aſſez indifférentes, de
la vie de Romulus; car dans
les deux hypothèſes, ce Prince
a également régné 37 ans ſur
la ville qu'il a fondée. . .

Interregne d'un an, qui em-
braſſe la moitié de l'an 37 &
la moitié de l'an 38 de la fondation de Rome. Avénement
au trône de Numa Pompilius.

Numa commence le grand
ouvrage de ſa légiſlation. . .

On a cru que Numa avait
été diſciple de Pythagore; mais
la chronologie ſuffit pour réfu-
ter ce paradoxe. Il paraît par
les monumens, que ce Phi-
loſophe grec ne vint en Italie
que plus de deux cents ans après;

	Ere du Cap.	Durée juſqu'à nous.
la ville qu'il a fondée. . .	37	2496
au trône de Numa Pompilius.	38	2495
ouvrage de ſa légiſlation. . .	40	2493

c'eſt-à-dire, l'an 244 de l'Ere du Capitole.

	Ere du Cap.	Durée juſqu'à nous.
Numa, pour donner plus de poids à ſon Code, unit dans ſa perſonne, le Trône au Sacerdoce.	43	2490
Miſcellos, ſuivant Euſebe, va bâtir Crotone, dans cette partie de l'Italie qu'on nomme la Grande Grece.		
Phalante, à la tête des Parthéniens, bâtards de Lacédémone, vient fonder Tarente, en Italie.	49	2484
Temps où l'on peut placer le plan que donna Numa, pour la révivification de l'ordre religieux des Veſtales. . . .	73	2460

Epoque où on pourrait mettre la fin de la Monarchie d'Albe, en lui ſuppoſant les 487 ans de durée que lui donne Denys d'Halicarnaſſe, & en faiſant bâtir cette ville par Aſ-

	Ere du Cap.	Durée jusqu'à nous.
cagne, un an avant sa mort. Dans ce fyftême, la deftruction de la Monarchie d'Albe ne fignifierait que la diffolution de fon trône, & fa formation en république	76	2457
Mort de Numa. Avénement de Tullus Hoftilius. . .	81	2452
Combat mémorable des Horaces & des Curiaces. Le vainqueur tue fa fœur. Rome lui fait grace.	84	2449
Supplice de Métius, le Dictateur d'Albe.	86	2447
Deftruction de la ville d'Albe, & fin des 487 ans de durée de fa monarchie, dans le fyftême ordinaire des Chronologiftes.		
Tullus Hoftilius triomphe des Fidenates.	87	2446
Guerre de Rome avec les Sabins.	99	2434
Commencement d'une guer-		

	Ere du Cap.	Durée jufqu'à nous.
re de Rome avec la confédération des villes du Latium, qui dure cinq ans.	101	2432
Ancus Martius affaffine Tullus Hoftilius, & fait courir le bruit qu'il a été frappé du tonnerre.	13	2420
Avénement de Martius au trône de Rome.		
Tarquin l'ancien vient s'établir à Rome.	122	2411
Oftie eft bâtie à l'embouchure du Tibre.	127	2406
Martius entoure de murailles le Janicule. . . .	129	2404
Mort de Martius, & élection du premier Tarquin. . .	137	2396
Le nouveau Roi crée cent Sénateurs de plus, & augmente le nombre des Veftales. . .	138	2395
Guerre contre les Latins. . .	148	2385
Guerre contre les Sabins. . .	158	2375
Guerre contre l'Etrurie . . .	160	2373
Siége & prife de Fidènes. . .	164	2369

	Ere du Cap.	Durée jusqu'à nous.
Tarquin l'ancien entreprend une nouvelle expédition contre les Sabins.	170	2363
Les aquéducs de Rome, & ses égouts, font bâtis par Tarquin.	171	2362
Elévation de l'ancien cirque de Rome.	173	2360
Tarquin prépare les fondemens du Capitole.	174	2359
Les enfans d'Ancus Marius, font affaffiner Tarquin dans fon Palais.	175	2358
Servius Tullius, gendre du dernier Roi, eft élu pour lui fuccéder. Exil volontaire des enfans de Martius.		
Guerre avec les peuples de l'Etrurie, & triomphe de Servius.	176	2357
Commencement de la légiflation que Servius donne aux Romains.	180	2353
Nouveau triomphe de Ser-		

	Ere du Cap.	Durée jufqu'à nous.
vius fur la confédération for-midable des peuples de l'E-trurie.	186	2347
Premier dénombrement des Romains.	187	2346
Alliance particulière entre Rome & les peuples du La-tium. Temple de Diane, bâti fur le mont Aventin, pour fceller le Traité d'union. . .	209	2324
Tarquin-le-Superbe fait af-faffiner Servius Tullius. . .	219	2314
Commencement du règne de ce Tyran.		
Il fait alliance avec les La-tins. Mort tragique de Tur-nus Herdonius.	222	2311
Stratagême qui rend ce Ty-ran maître de Gabies. . .	232	2301
Erection de divers monu-mens, par Tarquin . . .	237	2296
Temps où l'on peut placer la conftruction du temple de Jupiter au Capitole. . . .	238	2295

	Ere du Cap.	Durée jufqu'à nous.
Tarquin envoye deux de fes fils à Delphes, pour confulter l'Oracle. Brutus eft nommé du voyage.	242	2291
Siége d'Ardée, par les Ro-mains.	243	2290
Temps où l'on peut placer l'arrivée de Pythagore, dans cette partie de l'Italie qu'on nomme la Grande Grece. .	244	2289
Viol de Lucrece dans Col-latie. Elle demande vengeance à fon pere & à fon époux. Suicide de cette Héroïne.		
Révolution caufée par le crime de Sextus.		
Brutus vient à Rome à la tête de la jeuneffe de Collatie. Harangue de ce Républicain contre la tyrannie.		
L'armée Romaine qui eft occupée au fiège d'Ardée, échauffée par le tableau que lui fait Brutus des crimes de la		

maison de Tarquin, prend part à la révolution.

Tarquin est banni, & la constitution de l'Etat changée. Dissolution de la monarchie, & fondation de la république.

Ere du Cap.	Durée jusqu'à nous.

HISTOIRE
DES HOMMES,
SOUS
LA DOMINATION
ROMAINE,
OU
HISTOIRE
DE
L'ANCIENNE ROME.
SECONDE PARTIE.
ROME
RÉPUBLIQUE.

FASTES

CONSULAIRES,

TIRÉS

DES MARBRES

DU CAPITOLE,

POUR L'INTELLIGENCE

DE LA CHRONOLOGIE

DE

ROME RÉPUBLIQUE.

	Ere du Cap.	Durée ufqu'à nous.
Lucius Junius Brutus, le fondateur de la République Romaine.	244	2289

Ce premier Conful ayant été tué, on mit à fa place Sept. Lucretius Tricipitinus ; & ce-

	Ere du Cap.	Durée jusqu'à nous.
lui-ci étant encore mort dans l'année , M. Horatius Pulvillus lui fut subrogé.		
L. Tarquinius Collatinus , on l'oblige, à cause du nom qu'il porte, de se défaire de sa charge, & on met à sa place P. Valerius, lequel fut ensuite surnommé Poplicola, ou Publicola.		
P. Valerius Poplicola II.	245	2288
P. Lucretius Tricipitinus.		
P. Valerius Poplicola III.	246	2287
M. Horatius Pulvillus II.		
Sp. Lartius (ou Largius) Flavus ou Rufus.	247	2286
T. Herminius Aquilinus.		
M. Valerius Volesus.	248	2285
P. Posthumius Tubertus.		
P. Valerius Poplicola IV.	249	2284
P. Lucretius Tricipitinus II.		
P. Posthumius Tubertus II.	250	2283
Agrippa Menenius Lanatus.		
Opiter Virginius Tricostus.	251	2282

	Ere du Cap.	Durée jusqu'à nous.
Sp. Caſſius Viſcellinus.		
T. Poſthumius Cominius Au-runcus.	252	2281
T. Lartius Flavus , *premier Dictateur*.		
M. Tullius Longus. . . .	253	2280
Ser. Sulpit. Camerinus.		
P. Veturius Geminus. . .	254	2279
T. Ebutius Elva.		
T. Lartius Flavus II. . .	255	2278
Q. Clælius Siculus.		
A. Sempronius Atratinus. . .	256	2277
M. Minucius Augurinus.. .		
A. Poſthumius Albus Regil-lenſis, &c. *fait Dictateur* ..	257	2276
T. Virginius Tricoſtus Cœli-montanus.		
Ap. Claudius Sabinus. . .	258	2275
P. Servilius Priſcus.		
A. Virginius Tricoſtus Cœli-montanus.	259	2274
T. Veturius Geminus Cicu-rinus.		
Sp. Caſſius Viſcellinus II. . .	260	2273

	Ere du Cap.	Durée jusqu'à nous.
T. Postumius Cominius Au-runcus II.		
T. Geganius Macerinus. . .	261	2272
P. Minucius Augurinus.		
M. Minucius Augurinus II. .	262	2271
A. Sempronius Atratinus II.		
Q. Sulpitius Camerinus. . .	263	2270
Sp. Lartius Flavus II.		
C. Julius Julus.	264	2269
P. Pinarius Rufus Mamerci-nus.		
Sp. Nautius Rutilus. . .	265	2268
Sext. Furius Fufus.		
C. Aquilius Tuscus. . . .	266	2267
T. Sicinius Sabinus.		
Spurius Cassius Viscellinus III.	267	2266
Proculus Virginius Tricostus.	268	2265
Q. Fabius Vibulanus. . .		
Ser. Cornelius Cossus Malu-ginensis.		
L. Æmilius Mamercinus. .	269	2264
Q. Fabius Vibulanus II.		
M. Fabius Vibulanus. . .	270	2263

	Ere du Cap.	Durée jusqu'à nous.
L. Valerius Poplicola Popitus.		
C. Julius Iulus.	271	2262
Q. Fabius Vibulanus III.		
Cæfo Fabius Vibulanus. . .	272	2261
Sp. Furius Fufus.		
Cn. Manlius Cincinnatus. . .	273	2260
M. Fabius Vibulanus II.		
Cæfo Fabius Vibulanus II. .	274	2259
A. Virginius Tricoftus Rurilus.		
L. Æmilius Mamercinus II. .	275	2258
C. Servilius Structus Ahala.		
C. Cornelius Lentulus, *fut fubrogé.*		
C. Horatius Pulvillus. . .	276	2257
T. Menenius Lanatus.		
A. Virginius Tricoftus Rutilus.	277	2256
C. Servilius Structus.		
P. Valerius Poplicola. . .	278	2255
C. Nautius Rufus.		
L. Furius Medullinus Fufus.	279	2254

	Ere du Cap.	Durée jusqu'à nous.
M. Manlius Vulfo.		
Lucius Æmilius Mamercinus III	280	2253
P. Vopifcus Julius Iulus.		
P. Pinarius Rufus Mamercinus.	281	2252
P. Furius Fufus.		
Ap. Claudius Sabinus. . .	282	2251
T. Quintius Capitolinus Barbatus.		
L. Valerius Poplicola Popitus II.	283	2250
T. Æmilius Mamercinus IV.		
A. Virginius Tricoftus Cœlimontanus.	284	2249
T. Numicius Prifcus.		
T. Quintius Capitolinus Barbatus II.	285	2248
Q. Servilius Prifcus.		
Titus Æmilius Mamercinus V.	286	2247
Q. Fabius Vibulanus IV.		
Sp. Pofthumius Albus Regillenfis.	287	2246

	Ere du Cap.	Durée jusqu'à nous.
Q. Servius Priscus II.		
Quintus Fabrius Vibulanus V.	288	2245
T. Quintius Capitolinus Barbatus III.		
A. Posthumius Albus Regillensis.	289	2244
Spurius Furius Medullinus Fusus.	290	2243
P. Servilius Priscus. . . .		
L. Ebutius Elva.		
T. Lucretius Tricipitinus . .	291	2242
T. Veturius Geminus Cicurinus.		
P. Volumnius Amintinus Gallus.	292	2241
Ser. Sulpitius Camerinus.		
P. Valerius Poplicola II. . .	293	2240
C. Clodius Sabinus Regillensis.		
Q. Fabius Vibulanus VI. . .	294	2239
L. Cornelius Maluginensis Cossus.		
C. Nautius Rutilus . . .	295	2238

	Ere du Cap.	Durée jusqu'à nous.
L. Minucius.		
Caius Horatius Pulvillus.	296	2237
Q. Minutius Augurinus.		
M. Valerius Maximus. . .	297	2236
Sp. Virginius Tricoſtus Cœli-montanus.		
T. Romilius Rocus Vaticanus.	298	2235
C. Veturius Cicurinus.		
Sp. Tarpeinus Montanus Ca-pitolinus.	299	2234
A. Æterius Fontinalis.		
Sext. Quintilius Varus. . .	300	2233
P. Horatius (ou Curiatius) Tergeminus.		
P. Ceſtius Capitolinus. . .	301	2232
C. Menenius Lanatus.		

Ils abdiquent, & font place
aux Decemvirs.

Decemvirs.

Ap. Claudius Craſſinus. . .	302	2231
T. Genucius Augurinus.		

	Ere du Cap.	Durée jusqu'à nous.
P. Cestius Capitolinus.		
P. Posthumius Albus Regil- lensis.		
Sex. Sulpitius Camerinus.		
A. Manlius Vulso.		
T. Romilius Rocus Vaticanus.		
C. Julius Iulus.		
T. Veturius Crassus Cicuri- nus.		
P. Horatius (ou Curiatius) Tergeminus.		
App. Claudius Crassinus. . .	303	2230
M Cornelius Maluginensis.		
M. Sergius.		
L. Minutius.		
Q. Fabius Vibulanus.		
Q. Pœcelius.		
T. Antonius Merenda.		
C. Duillius.		
Sp. Appius Cornicensis.		
M. Rabuleius.		
Ap. Claudius Crassinus, & les Décemvirs précédents. . .	304	2229

Fin du Decemvirat.

CONSULS.	Ere du Cap.	Durée jusqu'à nous.
L. Valerius Poplicola Potitus.		
M. Horatius Barbatus.		
Lar. Herminius Aquilinus. . .	305	2228
T. Virginius Tricoftus Cœlimontanus.		
M. Geganius Macerinus. . .	306	2227
C. Julius Iulus.		
T. Quinctius Capitolinus Barbatus IV.	307	2226
Agrippa Furius Fufus.		

Au lieu de ces deux derniers Confuls , Denys d'Halicarnaffe , daus le livre onzieme de fon Ouvrage fur les Antiquités Romaines , met les deux fuivants.

M. Minutius.		
C. Quintius.		
M. Genucius Augurin. . .	308	2225
C. Curtius Philo.		

TRIBUNS MILITAIRES.	Ere du Cap.	Durée jusqu'à nous.
Avec autorité de Consuls.		
A. Sempronius Atratinus . .	309	2224
L. Attilius Longus, & T. Clœlius Siculus, qui abdiquent.		
L. Papirius Mugillanus, *Consul la même année, avec :*		
L. Sempronius Atratinus.		
M. Geganius Macerinus II...	310	2223
T. Quintius Capitolinus Barbatus V.		
M. Fabius Vibulanus. . .	311	2222
Posthumius Ebutius Elva Cornicenfis.		
C. Furius Pacilus Fufus. .	312	2221
M. Papirius Craffus.		
Proculus Geganius Macerinus.	313	2220
L. Menenius Lanatus.		
T. Quintius Capitolinus Barbatus VI.	314	2219
Agrippa Menenius Lanatus.		

Trois Tribuns Militaires.	Ere du Cap.	Durée jusqu'à nous.
Mam. Æmilius Mamercinus.	315	2218
T. Quintius Cincinnatus.		
L. Julius Iulus.		

Confuls.

	Ere du Cap.	Durée jusqu'à nous.
M. Geganius Macerinus. . .	316	2217
L. Sergius Fidenas.		
M. Cornelius Maluginenfis.	317	2216
L. Papir. Craffus.		
C. Julius Iulus.	318	2215
L. Virginius Tricoftus.		
C. Julius Iulus II. . . .	319	2214
L. Virginius Tricoftus II.		

Trois Tribuns Militaires.

	Ere du Cap.	Durée jusqu'à nous.
M. Fabius Vibulanus. . .	320	2213
M. Foffius Flaccinator.		
L. Sergius Fidenas.		

Autres Tribuns Militaires.

	Ere du Cap.	Durée jusqu'à nous.
L. Pinarius Rufus Mamercinus.	321	2212

	Ere du Cap.	Durée jufqu'à nous.
L. Furius Medullinus.		
Sp. Pofthumius Albus Regil-		
lenfis.		

C O N S U L S.

	Ere du Cap.	Durée jufqu'à nous.
T. Quintius Pennus Cincin-		
natus.	322	2211
C. Julius Manto.		
C. Papirius Craffus. . . .	323	2210
L. Julius Iulus.		
L. Sergius Fidenas II. . . .	324	2209
Hoftius Lucretius Tricipiti-		
nus.		
T. Quintius Pennus Cincin-		
natus II.	325	2208
A. Cornelius Coffus.		
C. Servilius Structus Ahala. .	326	2207
L. Papirius Mugillanus II.		

Quatre Tribuns Militaires.

	Ere du Cap.	Durée jufqu'à nous.
T. Quintius Pennus Cincin-		
natus.	327	2206
C. Furius Pacilus. .		

	Ere du Cap.	Durée jusqu'à nous.
M. Poftumius Albus Regillenfis.		
A. Cornelius Coffus.		
Quatre Tribuns Militaires.		
A. Sempronius Atratinus. . .	328	2205
L. Furius Medullinus.		
L. Quintius Cincinnatus.		
L. Horatius Barbatus.		
Quatre Tribuns Militaires.		
Ap. Claudius Craffus Regillenfis.	329	2204
Sp. Nautius Rutilus.		
L. Sergius Fidenas.		
Sex. Julius Iulus.		
Confuls { C. Sempronius Atratinus.	330	2203
Q. Fabius Vibulanus.		
Quatre Tribuns Militaires.		
M. Manlius Vulfo Capitolinus.	331	2202

	Ere du Cap.	Durée jusqu'à nous.
Q. Antonius Merenda.		
L. Papirius Mugillanus.		
L. Servilius Strictus.		
Consuls. { T. Quintius Capitolinus Barbatus.	332	2201
Humerius Fabius Vibulanus.		

Le Pere Petau met, au lieu des Consuls précédents, les quatre Tribuns Militaires suivants.

	Ere du Cap.	Durée jusqu'à nous.
T. Quintius Pennus Cincinnatus III.	333	2200
M. Manlius Vulso Capitolinus.		
L. Furius Medullinus III.		
A. Sempronius Atratinus.		

Quatre Tribuns Militaires.

	Ere du Cap.	Durée jusqu'à nous.
Agrippa Menenius Lanatus. . .	334	2199
Sp. Nautius Rutilus.		
P. Lucretius Tricipitinus.		
C. Servilius Ahala II.		

	Ere du Cap.	Durée jufqu'à nous.
Quatre Tribuns Militaires.		
M. Papirius Mugillanus. . .	335	2198
C. Servilius Ahala III.		
L. Sergius Fidenas.		
Q. Servilius Prifcus.		
Quatre Tribuns Militaires.		
P. Lucretius Tricipitinus. . .	336	1297
L. Servilius Structus.		
Agrippa Menenius Lanatus.		
Sp. Veturius Craffus Cicurinus.		
Quatre Tribuns Militaires.		
A. Sempronius Atratinus. .	337	2196
M. Papirius Mugillanus.		
Sp. Nautius Rutilus.		
Q. Fabius Vibulanus.		
Quatre Tribuns Militaires.		
P. Cornelius Coffus. . . .	338	2195
Quintius Cincinnatus.		

	Ere du Cap.	Durée jusqu'à nous.
C. Valerius Pennus Volufus.		
Q. Fabius Vibulanus II.		
Quatre Tribuns Militaires.		
Q. Fabius Vibulanus III. .	339	2194
Cn. Cornelius Coffus.		
P. Pofthum Albus Regillenfis.		
L. Valerius Potitus.		
Confuls.		
M. Corn. Coffus.	340	2193
L. Furius Medullinus.		
Q. Fabius Ambuftus.	341	2192
C. Furius Pacilus.		
M. Papirius Mugillanus.	342	2191
C. Nautius Rutilus.		
M. Æmilius Mamercinus. .	343	2190
C. Valerius Potitus Volu-fus.		
Cn. Cornelius Coffus.	344	2189
L. Furius Medullinus.		
Trois Tribuns Militaires.		
C. Julius Iulus.	345	2188

	Ere du Cap.	Durée jusqu'à nous.
P. Cornelius Coſſus.		
C. Servilius Ahala.		

Quatre Tribuns Militaires.

	Ere du Cap.	Durée jusqu'à nous.
C. Valerius Potitus Voluſus. .	346	2187
C. Servilius Ahala II.		
M. Fabius Vibulanus.		
L. Furius Medullinus.		

Quatre Tribuns Militaires.

	Ere du Cap.	Durée jusqu'à nous.
P. Cornelius Rutilus Coſſus. .	347	2186
L. Valerius Potitus.		
Cn. Cornelius Coſſus.		
M. Fabius Ambuſtus.		

Six Tribuns Militaires.

	Ere du Cap.	Durée jusqu'à nous.
C. Julius Iulus.	348	2185
M. Æmilius Mamercinus.		
T. Quintius Capitolinus Bar-batus.		
L. Furius Medullinus.		
T. Quintius Cincinnatus.		
A. Manlius Vulſo Capitoli-nus.		

	Ere du Cap.	Durée jusqu'à nous.
Six Tribuns Milita ires.		
P. Cornelius Maluginenfis . .	349	2184
Sp. Nautius Rutilus.		
Cn. Cornelius Coffus.		
C. Valerius Potitus.		
C. Fabius Ambuftus.		
M. Sergius Fidenas.		
Huit Tribuns Militaires.		
M. Æmilius Mamercinus. . .	350	2183
M. Furius Fufus.		
Appius Claudius Craffus.		
L. Julius Iulus.		
M. Quintilius Varus.		
L. Valerius Potitus.		
M. Furius Camillus.		
M. Pofthumius Albinus.		
Six Tribuns Militaires.		
Q. Servilius Ahala. . . .	351	2182
Q. Sulpitius Camerinus.		
Q. Servilius Prifcus Fidenas.		
A. Manlius Vulfo.		

	Ete du Cap.	Durée juſqu'à nous.
L. Virginius Tricoſtus.		
M. Sergius Fidenas.		

Six Tribuns Militaires.

L. Valerius Potitus . . .	352	2181
L. Julius Iulus.		
M. Furius Camillus.		
M. Æmilius Mamercinus.		
Cn. Cornelius Coſſus.		
C. Fabius Ambuſtus.		

Six Tribuns Militaires.

P. Licinius Calvus . . .	353	2180
P. Mælius Capitolinus.		
P. Mænius.		
Sp. Furius Medullinus.		
L. Titinius.		
L. Publilius Philo.		

Six Tribuns Militaires.

C. Duillius	354	2179
L. Attilius Longus.		
Cn. Genuſius Aventinenſis.		
M. Pomponius.		
Volero Publilius Philo.		

M. Veturius Craſſus Cicu-
rinus.

Six Tribuns Militaires.

	Ere du Cap.	Durée jufqu'à nous.
L. Valerius Potitus	355	2178
L. Furius Medullinus.		
M. Valerius Maximus.		
M. Furius Camillus.		
Q. Servilius Priſcus.		
Q. Sulpitius Camerinus.		

Six Tribuns Militaires.

L. Julius Iulus	356	2177
L. Furius Medullinus.		
L. Sergius Fidenas.		
A. Poſthumius Albinus.		
A. Manlius Vulſo.		
P. Cornelius Maluginenſis.		

Six Tribuns Militaires.

P. Licinius Calvus	357	2176
L. Attilius Longus.		
P. Mœlius Capitolinus.		
L. Titinius.		
P. Mænius.		
C. Genucius Aventinenſis.		

Six Tribuns Militaires.	Ere du Cap.	Durée jusqu'à nous.
P. Cornelius Coffus . . .	358	2175
P. Cornelius Scipio.		
M. Valerius Maximus.		
C. Fabius Ambuftus.		
L. Furius Medullinus.		
Q. Servilius Prifcus Fidenas.		

Six Tribuns Militaires.		
M. Furius Camillus . . .	359	2174
L. Furius Medullinus.		
C. Æmilius Mamercinus.		
Sp. Pofthumius Albinus Re-gillenfis.		
P. Cornelius Scipio.		
L. Valerius Poplicola.		

Confuls.		Ere du Cap.	Durée jusqu'à nous.
	L. Lucretius Flavus . .	360	2173
	Ser. Sulpitius Camerinus.		
	L. Valerius Potitus . .	361	2172
	M. Manlius Capitolinus.		

Six Tribuns Militaires.		
L. Lucretius Flavus . . .	362	2171
Ser. Sulpitius Camerinus.		

	Ere du Cap.	Durée jusqu'à nous.
M. Æmilius Mamercinus.		
L. Furius Medullinus.		
Agrippa Furius Fufus.		
C. Æmilius Mamercinus.		
Six Tribuns Militaires.		
Q. Fabius Ambuftus . . .	363	2170
Cn. Fabius Ambuftus.		
C. Fabius Ambuftus.		
Q. Sulpitius Longus.		
Q. Servilius Prifcus Fidenas.		
Servilius Cornelius Malugi-nenfis.		
Six Tribuns Militaires.		
L. Valerius Poplicola . . .	364	2169
L. Virgilius Tricoftus.		
Publ. Cornelius Coffus.		
A. Manlius. Capitolinus.		
L. Æmilius Mamercinus.		
L. Pofthumius Albinus Regil-lenfis.		
Six Tribuns Militaires.		
T. Quintius Cincinnatus . .	365	2168
L. Servilius Prifcus Fidenas.		

	Ere du Cap.	Durée jusqu'à nous.
L. Julius Iulus.		
L. Aquilinus Corvus.		
L. Lucretius Tricipitinus.		
Ser. Sulpitius Rufus.		
Six Tribuns Militaires.		
L. Papirius Curfor	366	2167
C. Sergius Fidenas.		
L. Æmilius Mamercinus.		
L. Menenius Lanatus.		
L. Valerius Poplicola.		
C. Cornelius Coffus.		
Six Tribuns Militaires.		
L. Furius Camillus . . .	367	2166
Q. Servius Prifcus Fidenas.		
L. Quintius Cincinnatus.		
L. Horatius Pulvillus.		
P. Valerius Potitus Poplicola.		
Ser. Cornelius Maluginenfis.		
Six Tribuns Militaires.		
A. Manlius Capitolinus . .	368	2165
P. Cornelius Coffus.		
T. Quintius Capitolinus.		
L. Quintius Capitolinus.		

	Ere du Cap.	Duree jusqu'à nous.
C. Papirius Curfor.		
C. Sergius Fidenas.		
Six Tribuns Militaires.		
Ser. Cornelius Maluginenfis...	369	2164
.P. Valerius Potitus Poplicola.		
M. Furius Camillus.		
Ser. Sulpitius Rufus.		
C. Papirius Craffus.		
T. Quintius Cincinnatus.		
Six Tribuns Militaires.		
L. Valerius Poplicola . . .	370	2163
A. Manlius Capitolinus.		
Ser. Sulpitius Rufus.		
L. Lucretius Tricipitinus.		
L. Æmilius Mamercinus.		
M. Trebonius Flavus.		
Six Tribuns Militaires.		
Sp. Papirius Craffus . . .	371	2162
L. Papirius Craffus.		
Ser. Cornelius Maluginenfis.		
Q. Servilius Prifcus Fidenas.		
Ser. Sulpitius Prætextatus.		
L. Æmilius Mamercinus.		

Six Tribuns Militaires.	Ere du Cap.	Durée jusqu'à nous.
M. Furius Camillus . . .	372	2161
A. Posthumius Albinus Regillensis.		
L. Posthumus Albinus Regillensis.		
L. Furius Medullinus.		
L. Lucretius Tricipitinus.		
M. Fabius Ambustus.		
Six Tribuns Militaires.		
L. Valerius Poplicola . . .	373	2160
P. Valerius Potitus Poplicola.		
L. Menenius Lanatus.		
C. Sergius Fidenas.		
Sp. Papirius Cursor.		
Ser. Cornelius Maluginensis.		
Six Tribuns Militaires.		
P. Manlius Capitolinus . .	374	2159
C. Manlius Capitolinus.		
C. Julius Iulus.		
C. Sextilius.		
M. Albinius.		
L. Antistius.		

	Ere du Cap.	Durée jusqu'à nous.
Six Tribuns Militaires.		
Sp. Furius Medullinus . .	375	2158
Q. Servilius Priscus Fidenas.		
C. Licinius Calvus.		
P. Clœlius Siculus.		
M. Horatius Pulvillus.		
L. Geganius Macerinus.		
Six Tribuns Militaires.		
L. Æmilius Mamercinus . .	376	2157
Ser. Sulpitius Prætextatus.		
P. Valerius Potitus Poplicola.		
L. Quintius Cincinnatus.		
C. Veturius Crassus Cicurinus.		
C. Quintius Cincinnatus.		
	377	2156
ANARCHIE A ROME,	378	2155
	379	2154
Sans Consuls ni Tribuns.	380	2153
	381	2151

Cependant, suivant quelques Auteurs, ces mêmes années sont remplies par des Consuls ; mais nous suivons ici les marbres du Capitole.

Six Tribuns Militaires.	E du Cap.	Durée jusqu'à nous.
L. Furius Medullinus . . .	382	2151
P. Valerius Potitus Poplicola.		
A. Manlius Capitolinus.		
Ser. Sulpitius Prætextatus.		
C. Valerius Potitus.		
Ser. Cornelius Maluginensis.		

Six Tribuns Militaires.		
Q. Servilius Priscus Fidenas . .	383	2150
M. Cornelius Maluginensis.		
C. Veturius Craffus Cicurinus.		
Q. Quintius Cincinnatus.		
A. Cornelius Coffus.		
M. Fabius Ambuftus.		

Six Tribuns Militaires.		
L. Quintius Capitolinus . .	384	2149
Sp. Servilius Structus.		
Serv. Cornelius Maluginen-fis.		
L. Papirius Craffus.		
Serv. Sulpitius Prætextatus.		

	Ere du Cap.	Durée jusqu'à nous.
L. Veturius Craſſus Cicurinus.		
Camillus , *Dictateur ; ſans Conſuls ni Tribuns* . . .	385	2148
Six Tribuns Militaires.		
A. Cornelius Coſſus . . .	386	2147
L. Veturius Craſſus Cicurinus.		
M. Cornelius Maluginenſis.		
P. Valerius Potitus Poplicola.		
M. Geganius Macerinus.		
P. Manlius Capitolinus.		
Camille, (âgé de 80 ans, eſt créé) *Dictateur.*		
Conſuls.		
L. Æmilius Macerinus, *Patricien.*	387	2146
L. Sextius Sextinus Lateranus, *Plébéyen.*		
L. Genucius Aventinenſis. .	388	2145
Q. Servilius Ahala		
C. Sulpitius Peticus. . . .	389	2144
C. Cicinius Calvus. . .		

Suite des Consuls.	Ere du Cap.	Durée jusqu'à nous.
L. Æmilius Mamercinus . .	390	2143
Cn. Genucius Aventinenfis.		
Q. Servilius Ahala II . .	391	2142
Lucius Genucius Aventinen-fis II.		
C. Licinius Calvus. . . .	392	2141
F. Sulpitius Peticus II.		
M. Fabius Ambuftus . .	393	2140
C. Petilius Cibovifolus.		
M. Popilius Lénas	394	2139
Cn. Manlius Capitolinus Im-periofus.		
C. Fabius Ambuftus . . .	395	2138
C. Plautinus Proculus.		
M. Marcinus Rutilus . . .	396	2137
Cn. Manlius Capitolinus Im-periofus II.		
M. Fabius Ambuftus II . .	397	2136
M. Popilius Lénas II		
C. Sulpitius Peticus III . .	398	2135
L. Valerius Poplicola II.		
M. Fabius Ambuftus III . .	399	2134

	Ere du Cap.	Durée jufqu'à nous.
T. Quintius Pennus Capitolinus.		
C. Sulpitius Peticus IV . .	400	2133
M. Valer. Poplicola III.		
Pub. Valerius Poplicola IV. .	401	2132
C. Martius Rutilus.		
C. Sulpitius Peticus V . . .	402	2131
T. Quintius Pennus Cincinnatus.		
M. Popilius Lénas III. . .	403	2130
L. Cornelius Scipio.		
L. Furius Camillus. . . .	404	2129
Ap. Claudius Craffus.		
M. Popilius Lénas IV . . .	405	2128
M. Valerius Corvus.		
C. Plautius Hypfæus . . .	406	2127
T. Manlius Imperiofus Torquatus.		
M. Valerius Corvus . . .	407	2126
C. Petilius Cibovifolus.		
M. Fabius Dorfo	408	2125
Ser. Sulpitius Camerinus.		
C. Martius Rutilus . . .	409	2124

	Ere du Cap.	Durée jusqu'à nous.
T. Manlius Imperiosus Tor- quatus.		
M. Valerius Corvus . . .	410	2123
A. Corn. Cossus Arvina.		
C. Martius Rutilus . . .	411	2122
Q. Servilius Ahala.		
C. Plautinus Hypsæus . . .	412	2121
L. Æmilius Mamercinus.		
T. Manlius Imperiosus Tor- quatus . . . . . , .	413	2120
P. Decius Mus.		
T. Æmilius Mamercinus . .	414	2119
Q. Publilius Philo.		
Lucius Furius Camillus . .	415	2118
C. Mœnius.		
C. Sulpitius Longus . . .	416	2117
P. Ælius Pœtus.		
L. Papirius Crassus . . .	417	2116
Cæso Duillius.		
M. Valerius Corvus . . ,	418	2115
M. Attilius Regulus.		
T. Veturius Calvinus . : .	419	2114
Sp. Posthumius Albinus.		
L. Papirius Cursor . . .	420	2113

	Ere du Cap.	Durée jusqu'à nous.
C. Petilius Cibo visolus.		
A. Cornelius Cossus Arvina II	421	2112
Cn. Domitius Calvinus.		
M. Claudius Marcellus . .	422	2111
Caius Valerius Potitus Flaccus.		
L. Papirius Crassus . . .	423	2110
L. Plautius Venno.		
T. Æmilius Mamercinus Privernas II	424	2109
Cn. Plautius Decianus.		
C. Plautius Proculus . . .	425	2108
P. Cornelius Scapula.		
L. Cornelius Lentulus. . .	426	2107
Q. Publilius Philo II.		
C. Petilius Cibo visolus . .	427	2106
L. Papirius Mugillanus.		
L. Furius Camillus II . . .	428	2105
D. Junius Brutus Scæva.		
L. Papirius Cursor, *Dictateur*	429	2104
L. Sulpitius Longus . . .	430	2103

	Ere du Cap.	Durée jusqu'à nous.
Q. Aulius Cerretanus.		
Q Fabius Maximus Rullianus . . .	431	2102
L. Fulvius Corvus.		
T. Veturius Calvinus II . .	432	2101
Sp. Posthum. Albinus II.		
L. Papirius Cursor II . . .	433	2100
Q. Publilius Philo III.		
L· Papirius Cursor III . .	434	2099
Q. Æmilius (ou Aulius) Cerretanus.		
L. Plautius Venno . . .	435	2098
M. Fossius Flaccinator.		
Q. Æmilius Barbula . .	436	2097
C. Junius Bubulcus Brutus.		
Sp. Nautius Rutilus . . .	437	2096
M. Popilius Lénas.		
L. Papirius Cursor IV . .	438	2095
Q. Publilius Philo IV.		
M. Pœtilius Cibo . . .	439	2094
C. Sulpitius Longus.		
L. Sulpitius Cursor V . .	440	2093
Junius Bubulcus Brutus II.		
M. Valerius Maximus . .	441	2093

	Ere du Cap.	Durée jusqu'à nous.
P. Decius Mus.		
C. Junius Bubulcus Brutus III	442	2091
Q. Æmilius Barbula II.		
Q. Fabius Maximus Rullianus II	443	2090
C. Marcius Rutilus.		
L. Papirius Curfor, *Dictateur*	444	2089
P. Decius Mus II . .	445	2088
Q. Fabius Maximus Rullianus III.		
Ap. Claudius Cæcus . . .	446	2087
L. Volumnius Flamma Violens.		
Q. Marcius Tremulus .	447	2086
P. Cornelius Arvina.		
L. Pofthumius Megellus . .	448	2085
T. Minucius Augurinus, *auquel fut fubftitué,* M. Fulvius Corvus Pætinus.		
P. Sempronius Sophus . .	449	2084
P. Sulpitius Saverrio.		
Ser. Cornelius Lentulus . .	450	2083

	Ere du Cap.	Durée jusqu'à nous.
Lucius Genutius Aventinen- sis.		
M. Livius Dexter	451	2082
M. Æmilius Paulus.		
Point de Consuls à Rome, *mais deux Dictateurs ; sa-* *voir :*		
Q. Fabius Maximus Rullia- nus	452	2081
M. Valerius Corvus.		
Q. Apulcius Pansa . . .	453	2080
M. Valerius Corvus.		
M. Fulvius Perinus . . .	454	2079
T. Manlius Torquatus, *auquel* *fut substitué,* M. Valerius Corvus.		
L. Cornelius Scipio . . .	455	2078
Cn. Fulvius Centumalus.		
Q. Fabius Maximus Rullianus IV.	456	2077
P. Decius Mus III.		
Ap. Claudius Cæcus II . .	457	2076
L. Volumnius Flamma Vio-		

lens.	Cap. Ere du	Durée jusqu'à nous.
Q. Fabius Maximus Rullia-nus V	458	2075
P. Decius Mus IV.		
Lucius Pofthumius Megel-lus	459	2074
M. Attilius Regulus.		
L. Papirius Curfor . . .	460	2073
Sp. Carvilius Maximus.		
Quintus Fabius Maximus Gur-ges.	451	2072
D. Junius Brutus Scæva.		
Lucius Pofthumius Megel-lus III. . , . . .	462	2071
Caius Junius Brutus Bubul-cus.		
P. Cornelius Rufinus . .	463	2070
M. Curius Dentatus.		
M. Valerius Maximus Corvi-nus	464	2069
Q. Cæditius Noctua.		
Q. Martius Tremulus .	465	2068
P. Cornelius Arvina.		
M. Claudius Marcellus . .	466	2067

	Ere du Cap.	Durée jusqu'à nous.
Sp. Nautius Rutilus.		
M. Valerius Maximus Potitus	467	2066
C. Ælius Pœtus.		
C. Claudius Canina . .	468	2065
M. Æmilius Lepidus ou Barbula.		
C. Servilius Tucca . .	469	2064
L. Cæcilius Metellus, ou Denter.		
P. Cornelius Dolabella Maximus	470	2063
Cn. Domitius Calvinus.		
C. Fabricius Luscinus . .	471	2062
Q. Æmilius Papus.		
L. Æmilius Barbula . .	472	2061
Q. Marcius Philippus.		
P. Valerius Lævinus . .	473	2060
T. Coruntianus Nepos.		
P. Sulpitius Saverrio . .	474	2059
P. Decius Mus.		
Q. Fabr. Luscinus II . .	475	2058
Q. Æmilius Papus II.		
P. Cornelius Rufinus II . .	476	2057

	Ere du Cap.	Durée jusqu'à nous.
C. Junius Brutus Bubulcus II.		
C. Fabius Maximus Gurges II	477	2056
L. Genucius Clepsina.		
M. Curius Dentatus II . .	478	2055
L. Cornelius Lentulus Claudinus.		
M. Curius Dentatus III . .	479	2054
Ser. Cornelius Merenda.		
C. Fabius Dorso Licinus . .	480	2053
C. Claudius Canina II.		
L. Papirius Cursor II . .	481	2052
Sp. Carv. Maximus II.		
C. Quintilius Claudus . .	482	2051
L. Genucius Clepsina.		
C. Genucius Clepsina II . .	483	2050
Cn. Cornelius Blasio.		
Q. Ogulinus Gallus . .	484	2049
C. Fabius Pictor.		
P. Sempronius Sophus . .	485	2048
Ap. Claudius Crassus.		
M. Attilius Regulus . .	486	2047
L. Julius Cibo.		

Suite des Consuls.	Ere du Cap.	Durée jusqu'à nous.
M. Fabius Pictor . . .	487	2046
D. Junius Pera.		
Q Fabius Maximus Gurges III	488	2045
L. Mamilius Vitulus.		
Ap. Claudius Codex . .	489	2044
M. Fulvius Flaccus.		
M. Valerius Maximus Meſſala	490	2043
M. Otacilius Craſſus.		
L. Poſthumius Megellus .	491	2042
Q. Mamilius Vitulus.		
L. Valerius Flaccus .	492	2041
T. Otacilius Craſſus.		
Cn. Cornelius Scipio Aſina.	493	2040
L. Duillius Nepos.		
L. Coruelius Scipio .	494	2039
C. Aquilius Florus.		
A. Attilius Calatinus .	495	2038
C. Sulpitius Paterculus.		
C. Attilius Regulus Serranus.	496	2037

Suite des Consuls.	Ere du Cap.	Durée jusqu'à nous.
Cn. Cornelius Blasio.		
A. Manl. Vulso Longus . .	497	2035
Q. Cædicius, *fut subrogé en sa place.*		
M. Attilius Regulus.		
Ser. Fulvius Pætinus Nobilior	498	2035
M. Æmilius Paulus.		
Cn. Cornelius Scipio Asina II.	499	2934
A. Attilius Calatinus.		
Cn. Servilius Cæpio . .	500	2033
C. Sempronius Blesus.		
C. Aurelius Cotta . . .	501	2032
P. Servilius Geminus.		
L. Cæcilius Metellus II . .	502	2031
C. Furius Pacilus.		
C. Attilius Regulus II . .	503	2030
L. Manlius Vulso.		
P. Claudius Pulcher . . .	504	2029
L. Junius Pullus.		
C. Aurelius Cotta . . .	505	2028
P. Servilius Geminus II.		
L. Cæcilius Metellus . . .	506	2027

Suite des Consuls.	Ere du Cap.	Durée jusqu'à nous.
M. Fabius Buteo.		
M. Otacilius Craffus . .	507	2026
M. Fabius Licinius.		
M. Fabius Buteo II . . .	508	2025
C. Attilius Balbus.		
A. Manlius Torquatus Atticus . . .	509	2024
C. Sempr. Blefus II.		
C. Fundanius Fundulus . .	510	2023
C. Sulpicius Gallus.		
C. Lutatius Catulus . .	511	2022
A. Pofthumius Albinus.		
A. Manlius Torquatus Atticus	512	2021
Q. Lutatius Cerco.		
C. Claudius Centho . .	513	2020
M. Sempronius Tuditanus.		
C. Mamilius Turinus . .	514	2019
Q. Valerius Falto.		
T. Sempronius Gracchus .	515	2018
P. Valerius Falto.		

Suite

Suite des Consuls.	Ere du Cap.	Durée jusqu'à nous.
L. Cornelius Lentulus Cau-dinus	516	2017
Q. Fulvius Flaccus.		
P. Cornelius Lentulus Cau-dinu	517	2016
C. Licinius Varus.		
T. Manlius Torquatus . .	518	2015
C. Attilius Bulbus II.		
L. Posthumius Albinus . .	519	2014
Sp. Carvilius Maximus.		
Q. Fabius Maximus Verru-cosus	520	2013
M. Pomponius Matho.		
M. Æmilius Lepidus . . .	521	2012
M. Publicius Malleolus.		
M. Pomponius Matho II . .	522	2711
C. Papirius Maso.		
M. Æmilius Barbula . . .	523	2010
M. Junius Pera.		
L. Posthumius Albinus . .	524	2009
Cn. Fulv. Centumalus.		
Spur. Carvilius Maximus II. .	525	2008
Q. Fab Maxim Verrucosus II.		

Suite des Consuls.	Ere du Cap.	Durée jusqu'à nous.
P. Valerius Flaccus　.　.　.	526	2007
M. Attilius Regulus.		
M. Valerius Meſſala　.　.　.	527	2006
L. Apulius Fullo.		
L. Æmilius Papus　.　.　.	528	2005
C. Attilius Regulus.		
Q. Fulvius Flaccus.　.　.	529	2004
T. Manlius Torquatus II.		
C. Flaminius Nepos　.　.	530	2003
P. Furius Philus.		
Cn. Corn. Scipio Calvinus.	531	2002
M. Claudius Marcellus.		
P. Corn. Scipio Aſina　.　.	532	2001
M. Minucius Rufus.		
L. Veturius Philo　.　.　.	533	2000
C. Lutalius Catulus.		
M. Livius Salinator　.　.	534	1999
L. Æmilius Paulus.		
P. Cornelius Scipio　.　.	535	1998
T. Sempronius Longus.		
Cn. Servilius Geminus　.　.	536	1997
C. Flaminius Nepos II, *auquel*		

	Ere du Cap.	Durée jusqu'à nous.
fut substitué M. Attilius Regulus II.		
C. Terentius Varro. . .	537	1996
L. Æmilius Paulus II.		
L. Posthumius Albinus . .	538	1995
T. Sempronius Gracchus.		
Et en la place de Posthumius,		
M. Claudius Marcellus ;		
On lui substitua		
Q. Fabius Maximus Verrucosus III.		
Q. Fabius Maximus Verrucosus IV	539	1994
M. Claudius Marcellus III.		
Q. Fab. Maximus, Q. Fil. .	540	1993
T. Sempronius Gracchus II.		
Q. Fulvius Flaccus II .	541	1992
Ap. Claudius Pulcher.		
P. Sulp. Galba Maximus. .	542	1991
C. Fulvius Centumalus.		
M. Valerius Lævinus II .	543	1990
M. Claudius Marcellus IV. .		
Q. Fabius Maximus Verrucosus V	544	1989

Suite des Consuls.	Ere du Cap.	Durée jufqu'à nous.
Q. Fulvius Flaccus III.		
M. Claudius Marcellus . .	545	1988
T. Quintius Crifpinus.		
M. Claudius Nero. . . .	546	1987
M. Livius Salinator.		
Q. Cæcilius Metellus. . .	547	1986
L. Veturius Philo.		
P. Cornelius Scipio. . . .	548	1985
P. Licinius Craffus.		
M. Cornelius Cethegus. . . .	549	1984
P. Sempronius Tuditanus.		
Cn. Servilius Cœpio. . . .	550	1983
C. Servilius Geminus.		
T. Claudius Nero. . . .	551	1982
M. Servilius Pulex Geminus.		
Cn. Cornelius Lentulus. . .	552	1981
P. Ælius Pretus.		
P. Sup. Galba Maximus II. .	553	1980
C. Aurelius Cotta.		
L. Cornelius Lentulus. . .	554	1979
P. Villius Topulus.		
T. Quintius Flaminius. . .	555	1978
Sex. Ælius Poetus Catus.		

Suite des Consuls.	Ere du Cap.	Durée jusqu'à nous.
C Cornelius Cethegus. . .	556	1977
Q. Minutius Rufus.		
L. Furius purpureo. . . .	557	1976
M. Claudius Marcellus.		
M. Porcius Cato.	558	1975
L. Valerius Flaccus.		
P. Cornelius Scipio Africanus.	559	1974
T. Sempronius Longus.		
L. Cornelius Merula. . .	560	1973
Q. Minutius Thermus.		
L. Quintius Flaminius. .	561	1972
Cn. Domitius Ahénobarbus.		
M. Acilius Glabrio. . . .	562	1971
P. Cornelius Scipio Nasica.		
L. Cornelius Scipio. . . .	563	1970
C. Lælius Nepos.		
Cn. Manlius Vulso. . . .	564	1969
M. Fulvius Nobilior.		
C. Livius Salinator. . . .	565	1968
M. Valerius Messala.		
M. Æmilius Lepidus. . .	566	1967
C. Flaminius Nepos.		

Suite des Consuls.	Ere du Cap.	Durée jusqu'à nous.
Sp. Posthumius Albinus. . .	567	1966
Q. Marcius Philippus.		
Ap. Claudius Pulcher. . .	568	1965
M. Sempronius Tuditanus.		
P. Claudius Pulcher. . . .	569	1964
L. Porcius Licinius.		
Q. Fabius Labeo.	570	1963
M. Claudius Marcellus.		
L. Æmilius Paulus. . . .	571	1962
M. Bæbius Tamphilus.		
P. Cornelius Cethegus. . .	572	1961
M. Bæbius Tamphilus II.		
Ap. Posthumius Albinus. . .	573	1960
C. Calpurnius Piso.		

On substitue à ce dernier.

	Ere du Cap.	Durée jusqu'à nous.
Q. Fulvius Flaccus.		
L. Manlius Acidinus Fulvianus.	574	1959
Q. Fulvius Flaccus.		
M. Junius Brutus. . . .	575	1958
A. Manlius Vulso.		

Suite des Consuls.	Ere du Cap.	Durée jusqu'à nous.
C. Claudius Pulcher. . . .	576	1957
T. Sempronius Gracchus.		
Cn. Cornelius Scipio Hispa-		
lus.	577	1956
On lui substitue.		
C. Valerius Lævinus.		
Q. Petitius Spurinus.		
P. Mucius Scævola. . . .	578	1955
M. Æmilius Lepidus II.		
Sp. Posthumius Albinus. . .	579	1954
Q. Mucius Scævola.		
L. Posthumius Albinus. . .	580	1953
M. Popilius Lænas.		
C. Popilius Lænas.		
P. Ælius Ligus.		
Ces deux derniers Consuls sont tirés du Peuple, pour la premiere fois.		
P. Licinius Crassus. . . .	581	1952
C. Cassius Longinus.		
A. Hostilius Mancinus. . .	582	1951

Suite des Consuls.	Cap. Ere du	Durée jusqu'à nous.
A. Attilius Serranus.		
Q. Marcius Philippus II. . .	584	1949
C. Servilius Cœpio.		
L. Æmilius Paulus . . .	585	1948
C. Licinius Craffus.		
Q. Ælius Poetus. . . .	586	1947
M. Junius Pennus.		
C. Sulpitius Gallus.		
M. Claudius Marcellus.		
T. Manlius Torquatus. . .	587	1946
Cn. Octavius Nepos.		
A. Manlius Torquatus. . .	588	1945
Q. Caffius Longinus.		
T. Sempronius Gracchus II. .	589	1944
M. Juventius Phalna.		
P. Cornelius Scipio Nafica. .	590	1943
C. Marcius Figulus.		
M. Valerius Meffala. . .	591	1942
C. Fannius Strabo.		
L. Anicius Gallus. . . .	192	1941
M. Cornelius Cethegus.		
Cn. Cornelius Dolabella. . .	593	1940
M. Fulvius Nobilior.		

Suite des Consuls.	Ere du Cap.	Durée jusqu'à nous.
M. Æmilius Lepidus. . . .	595	1938
C. Popilius Lænas.		
Sext. Julius Cæfar. . . .	596	1937
L. Aurelius Oreftes.		
L. Cornelius Lentulus Lupus.	597	1936
C. Marcius Figulus II.		
P. Cornelius Scipio Nafica. . .	598	1935
M. Claudius Marcellus II.		
Q. Oprius Nepos.	599	1934
L. Pofthumius Albinus.		

On fubftitue à ce dernier.

	Ere du Cap.	Durée jusqu'à nous.
M. Acilius Glabrio.		
Q. Fulvius Nobilior. . . .	600	1933
T. Annius Lufcus.		
M. Claudius Marcellus III. .	601	1932
L. Valerius Flaccus.		
L. Licinius Lucullus. . . .	602	1931
A. Pofthumius Albinus.		
L. Quintius Flamininus. . . .	603	1930
M. Acilius Balbus.		
L. Marcinus Cenforinus. . .	604	1929

Suite des Consuls.	Ere du Cap.	Durée jusqu'à nous.
M. Manilius Nepos.		
Sp. Posthumius Albinus. . . .	605	1928
L. Calpurinus Piso Cæsonius.		
P. Cornelius Scipio Africanus Æmilianus.	606	1927
C. Livius Mamilianus Drusus.		
Cn. Cornelius Lentulus. . .	607	1926
L. Mummius Achaïcus.		
Q. Fabius Maximus Æmilianus.	608	1925
L. Hostilius Mancinus.		
Ser. Sulpitius Galba. . .	609	1924
L. Aurelius Cotta.		
Appius Claudius Pulcher. .	610	2923
Q. Cæcilius Metellus Macedonicus.		
L. Cæcilius Metellus Calvus.	611	1922
Q. Fabius Maximus Servilianus.		
Q. Servilius Nepos. . .	612	1921
Q. Pompeius Nepos.		
C. Lælius Sapiens. . .	613	1920

Suite des Consuls.	Ere du Cap.	Durée jusqu'à nous.
Q. Servilius Cæpio.		
C. Calpurnius Piso. . . .	614	1919
M. Popilius Lænas.		
P. Cornelius Scipio Nasica Se- rapio.	615	1918
D. Junius Brutus Callaïcus.		
M. Æmilius Lepidus Porcina.	616	1917
C. Hostilius Mancinus.		
P. Furius Philus. . . .	617	1916
Sex. Attilius Serranus.		
Ser. Fulvius Flaccus. . .	618	1915
Q. Calpurnius Piso.		
P. Cornelius Scipio Africanus Æmilianus II. . . .	619	1914
C. Fulvius Flaccus.		
P. Minuccius Scævola. .	620	1913
L. Calpurnius Piso.		
P. Popilius Lænas. . .	621	1912
P. Rupillus Nepos.		
P. Licinius Crassus Mucia- nus.	622	1911
L. Valerius Flaccus.		
C. Claudius Pulcher. . .	623	1910

Suite des Consuls.	Ere du Cap.	Durée jusqu'à nous.
M. Perpenna.		
C. Sempronius Tuditanus. . .	624	1909
M. Aquilius Nepos.		
Cn. Octavius Nepos. . .	625	1908
T. Annius Luscus Rufus.		
L. Cassius Longinus. . .	626	1907
L. Cornelius Cinna.		
M. Æmilius Lepidus. . .	627	1906
L. Aurelius Orestes.		
M. Plautius Hipseus. . .	628	1905
M. Fulvius Flaccus.		
C. Cassius Longinus. . .	629	1904
C. Sextius Calvinus.		
Q. Cæcilius Metellus Ballearius.	630	1903
T. Quintius Flamininus.		
Cn. Domitius Ahenobarbus.	631	1902
C. Fannius Strabo.		
L. Opimius Nepos. . .	632	1901
Q. Fabius Maximus Allobrogicus.		
P. Manilius Nepos. . .	633	1900
C. Papirius Carbo.		

Suite des Consuls.	Ere du Cap.	Durée jusqu'à nous.
L. Cæcilius Metellus Dalma-ricus.	634	1899
L. Aurelius Cotta.		
M. Porcius Cato. . . .	635	1898
Q. Marcius Rex.		
L. Cæcilius Metellus. . .	636	1897
Q. Mutius Scævola.		
C. Licinius Geta. . . .	637	1896
Q. Fabius Maximus Ebur-nus.		
M. Æmilius Scaurus. . .	638	1895
M. Cæcilius Metellus.		
M. Acilius Balbus. . .	639	1894
C. Porcius Cato.		
P. Cæcilius Metellus Capra-rius.	640	1893
Cn. Papirius Carbo.		
M. Livius Drusus. . .	641	1892
L. Calpurnius Pifo.		
P. Cornelius Scipio Nafica.	642	1891
L. Calpurn. Pifo Beftia.		
M. Minucius Rufus. . .	643	1890
Sp. Pofthumius Albinus.		

Suite des Consuls.	Ere du Cap.	Durée jusqu'à nous.
Q. Cæcilius Metellus Numi-dicus.	644	1889
M. Junius Silanus.		
Ser. Sulpitius Galba. . . .	645	1888
Quintus Hortenfius Nepos, *auquel on fubftitue*, M. Au-lius Scaurus. II.		
L. Caffius Longinus. . . .	646	1887
Auquel on fubftitue.		
M. Æmilius Scaurus II.		
C. Marius Nepos.		
M. Attilius Serranus. . . .	647	1886
Q. Servilius Cæpio.		
P. Rutilius Rufus. . . .	648	1885
Cn. Manlius Maximus.		
C. Marius Nepos II. . .	649	1884
C. Flavius Fimbria.		
C. Marius Nepos III. . . .	650	1883
L. Aurelius Oreftes.		
C. Marius Nepos IV. . .	651	1882
Q. Lutatius Catulus.		
C. Marius Nepos V. . . .	652	1881

Suite des Consuls.	Ere du Cap.	Durée jusqu'à nous.
Manil. Aquillius Nepos.		
C. Marius Nepos VI. . . .	653	1880
L. Valerius Flaccus.		
M. Antonius Nepos. . . .	654	1879
A. Posthumius Albinus.		
Q. Cæcilius Metellus Nepos.	655	1878
T. Didius Nepos.		
C. Corn. Lentulus.	656	1877
P. Licinius Crassus.		
Cn. Domitius Ahenobarbus. .	657	1876
C. Cassius Longinus.		
L. Licinius Crassus. . .	658	1875
Q. Mucius Scævola.		
Q. Cælius Caldus.	659	1874
L. Domitius Ahenobarbus.		
M. Valerius Flaccus. . . .	660	1873
M. Herennius Nepos.		
C. Claudius Pulcher. . . .	661	1872
M. Perpenna Nepos.		
L. Marcius Philippus. . . .	662	1871
Sex. Julius Cæsar.		
Sex. M. Junius Cæsar. . .	663	1870
P. Rutilius Rufus.		

Suite des Consuls.	Ere du Cap.	Durée jusqu'à nous.
Cn. Pompeius Strabo. . . .	664	1869
L. Porcius Cato.		
L. Cornelius Sylla Felix. . .	665	1868
Q. Pompeius Rufus.		
Cn. Octavius.	666	1867
L. Cornelius Cinna.		

On lui substitue.

L. Cornelius Merula.		
L. Cornelius Cinna II. . .	667	1866
C. Marius VII.		

On lui substitue.

L. Valerius Flaccus.		
L. Cornelius Cinna III. . .	668	1865
Cn. Papirius Carbo.		
Cn. Papirius Carbo II. . .	669	1864
L. Cornelius Cinna IV.		
L. Cornelius Scipio Asiaticus.	670	1863
Cn. Junius Norbanus.		
C. Marius.	671	1862

Suite des Consuls.	Ere du Cap.	Durée jusqu'à nous.
Cn. Papirius Carbo III.		
M. Tullius Decula . . .	672	1861
Cn. Corn. Dolabella.		
L. Corn. Sylla Felix II. . .	673	1860
Q. Cæcilius Metellus Pius.		
P. Servilius Vatia Isauricus. .	674	1859
Ap. Claudius Pulcher.		
M. Æmilius Lepidus. . .	675	1858
Q. Lutatius Catulus.		
D. Jun. Brutus Lepidus. . .	676	1857
M. Æmilius Livianus.		
Cn. Octavius.	677	2856
M. Scribonius Curio.		
L. Octavius	678	1855
C. Aurelius Cotta.		
L. Licinius Lucullus. . . .	679	1854
M. Aurelius Cotta.		
M. Terentius Varo Lucullus.	680	1853
C. Cassius Varus.		
L. Gellius Poplicola. . . .	681	1852
Cn. Cornelius Lentulus Clodianus.		
C. Aufidius Orestes. . . .	682	1851

Suite des Consuls.	Ere du Cap.	Durée jusqu'à nous.
P. Cornelius Lentulus Sura.		
M. Licinius Craffus. . . .	683	1850
Cn. Pompeius Magnus.		
Q. Hortentius.	684	1849
Q. Cæcilius Metellus Creticus.		
L. Cæcilius Metellus. . .	685	1848
Q. Marcius Rex.		
C. Calpurnius Pifo. . .	686	1847
M. Acilius Glabrio.		
M. Æmilius Lepidus. . .	687	1846
L. Volcatius Tullus.		
L. Aurelius Cotta. . .	688	1845
L. Manlius. Torquatus.		
L. Julius Cæfar. . . .	689	1844
L. Marcius Figulus.		
M. Tullius Cicero. . .	690	1843
D. Antonius Nepos.		
D. Junius Silanus. . . .	691	1842
L. Licinius Murena.		
M. Puppius Pifo. . . .	692	1841
M. Valer. Meffala Niger.		

Suite des Consuls.	Ere du Cap.	Durée jusqu'à nous.
L. Afranius Nepos. . . .	693	1840
Q. Cæcilius Metellus Celer.		
C. Julius Cæfar.	694	1839
M. Calpurnius Bibulus.		
L. Calpurnius Pifo Cæfonius.	695	1838
A. Gabinius Nepos.		
P. Cornelius Lentulus Spin-ther.	696	1837
Q. Cæcilius Metellus Nepos.		
Cn. Cornelius Lentulus Mar-cellinus.	697	1836
L. Marcius Philippus.		
Cn. Pompeius Magnus II. . .	698	1835
M. Licinius Craffus II.		
Luc. Domitius Ahenobarbus.	699	1834
Ap. Claudius Pulcher.		
Cn. Domitius Calvinus. . .	700	1833
M. Valerius Meffala.		
Cn. Pompeius Magnus III, *On ne lui donne aucun collè-gue dans le Confulat.*	701	1832

Au bout de sept mois il s'associe.	Ere du Cap.	Durée jusqu'à nous.
C. Cæcilius Metellus Scipio.		
Ser. Sulpitius Rufus. . . .	702	1831
M. Claudius Marcellus.		
L. Æmilius Paulus. . . .	703	1830
C. Claudius Marcellus.		
C. Claudius Marcellus II. . .	704	1829
L. Cornelius Lentulus Crus.		
Dictateur.		
C. Julius Cæfar I.	705	1828
P. Servilius Vatia Ifauricus.		
Quintius Fufius Calenus.		
Publius Vatinius	706	1827
Dictateur.		
C. Julius Cæfar II. . . .		
M. Antonius, *Maît. de la Caval.*		
C. J. Cæfar III, *Conful & Dictateur.*	707	1826
M. Æmilius Lepidus.		
C. Julius Cæfar IV, *Dictateur & feul Conful*	708	1825

	Ere du Cap.	Durée jusqu'à nous.
M. Lepidus, *Maître de la Ca-valerie.*		
Consuls pour trois mois.		
Q. Fabius Maximus.		
C. Trebonius.		
Au premier mort subitement, fut substitué :		
Caninius Rebilus.		
C. Julius Cæsar V, *Dictateur & Consul*	709	1824
M. Antonius, *Consul & Maître de la Cavalerie.*		
Cesar nomme pour Consul, à sa place.		
M. Æmilius Lepidus.		
C. Vibius Pansa.	710	1823
A. Hirtius.		
L. Minucius Plancus. . .	711	1822
M. Æmilius Lepidus II.		
L. Antonius.	712	1821
P. Servilius Vatia Isauricus.		
Cn. Domitius Calvinus II. .	713	1820

Suite des Consuls.	Ere du Cap.	Durée jusqu'à nous.
Cn. Asinus Pollio.		
On leur substitue.		
L. Cornelius Balbus.		
P. Caninius Crassus.		
L. Marcius Censorinus. . .	714	1819
C. Calvisius Sabinus.		
Ap. Claudius Pulcher. . .	715	1818
C. Norbanus Flaccus.		
On leur substitue.		
C. Octavianus Cæsar I.		
Q. Pedius.		
Commencement du Triumvirat de Lepidus, de Marc-Antoine & d'Auguste.		
Autres Consuls substitués.		
C. Carrinas.		
Publ. Ventidius.		
M. Vipsanius Agrippa. . .	716	1817
L. Caninius Gallus.		
L. Gellius Poplicola. . . .	717	1716

Suite des Consuls.	Ere du Cap.	Durée jusqu'à nous.
M. Cocceius Nerva.		
L. Cornificius. . . .	718	1815
Sex. Pompeius.		
M. Antonius Nepos. . . .	719	1814
L. Scribonius Libo.		
C. C. Octavianus II. . . .	720	1813
L. Volcatius. Tullus.		
Cn. Domitius Ahenobarbus. .	721	1812
C. Sesius.		
C. Cæsar Octavianus III. . .	722	1811
M. Valer Messala Corvinus.		

Cette année, Auguste gagne la bataille d'Actium, & sa victoire amene la dissolution de la République.

Il faut observer que les Marbres du Capitole conduisent beaucoup plus loin la Chronologie Romaine. Ordinairement les Fastes Consulaires se terminent à l'an 24 après le Consulat de Basile, qui finit avec l'an 565

	Ere du Cap.	Durée jusqu'à nous.
de l'Ere vulgaire : il y a même des Hi*s*toriens qui condui*s*ent cette époque cent trois ans plus tard, c'e*s*t-à-dire à l'an 668 de	722	1811

de cette même Ere que nous adoptons ; mais ces Fa*s*tes Con*s*ulaires deviennent parfaitement inutiles, pour l'Hi*s*toire des Empereurs, *s*ous qui l'autorité des Con*s*uls e*s*t tout-à-fait anéantie. Ain*s*i nous croyons devoir terminer à la bataille d'A&ctilde;ium, ou à l'origine de la *s*econde Monarchie Romaine, ce tableau des Fa*s*tes du Capitole.

HISTOIRE DE ROME RÉPUBLIQUE.

TABLEAU DU MONDE, A LA NAISSANCE DE ROME RÉPUBLIQUE.

LA grandeur de Rome République a tellement envahi l'admiration de préjugé, qu'on est forcé, pour s'élever à la hauteur de son sujet, d'abandonner de temps en temps la marche ordinaire de l'Histoire ; au reste, notre objet est encore moins d'écrire les annales de Rome, que de donner l'histoire des hommes sous la domination Romaine : ainsi nous pouvons de temps en temps oppofer la politique des vaincus à celle des vainqueurs; examiner le prodigieux afcendant d'une Nation agreſte, mais qui a un grand caractère, ſur des Nations qui, quoiqu'anciennement civiliſées, n'en eurent jamais, & obſerver le ſilence ſtupide de tous les Rois, tandis que les hommes libres, qui détrônèrent Tarquin, s'exerçaient à des vertus qui devaient être fatales à l'Univers.

Pendant cinq cents ans, il fut aiſé aux Puiſſances qui environnaient Rome, de l'anéantir. Ce n'était pas les lumières qui leur manquaient : la Grèce était au plus haut point de ſa gloire, & tous les grands hommes du ſiècle de Périclès avaient paru, avant que Rome eût produit un Hiſtorien.

Les arts fleuriſſaient autour de Rome, lorſqu'elle ne les connaiſſait que pour les mépriſer; Athènes avait un théatre, lorſque les vainqueurs de Brennus n'avaient pas encore leurs inſipides Atellanes; Carthage faiſait faire à Hannon le tour de la moitié du globe, tandis que ſa rivale fai-

fait conftruire fes premières chaloupes ;
Archimède défendait, avec fon génie, Syracufe, lorfque les compatriotes de Mar-
cellus ignoraient jufqu'aux élémens de la
Géométrie.

Les ennemis des Romains pouvaient
encore être leurs rivaux en courage ;
on voit, par ce que firent Brennus, Py-
rhus & Annibal, ce qu'auraient pu faire
contre eux Léonidas, Thémiftocle &
Alexandre ?

Une grande faute des Puiffances rivales
de Rome, fut, comme nous avons déjà
eu l'occafion de l'obferver, de ne point
s'unir, par d'utiles confédérations, contre
la République qui menaçait de les en-
gloutir. Cet art, fi en ufage aujourd'hui,
fait qu'il n'y a point d'Etat faible, & main-
tient l'équilibre de l'Europe.

Les ennemis des Romains eurent tort
encore d'oppofer fans ceffe la politique de
Machiavel aux vertus des Camille, des
Cincinnatus & des Scipion. Ce manège
de perfidies n'eft utile qu'à des fcélérats

qui en veulent détruire d'autres : & le Machiavélifme, qui fe dirige contre un peuple neuf, eft le ferpent qui ronge la lime.

Ce qui a mené Rome à la Monarchie univerfelle, eft cette défiance de fes lumières, qui lui faifait adopter la tactique des peuples qu'elle fubjuguait ; cette adreffe à encourager les vertus des particuliers, pour faire pardonner les crimes publics, & fur-tout ce fyftême réfléchi de courage dans l'adverfité, qui ne lui faifait appercevoir les dangers qu'elle avait courus, que quand elle en était échappée.

On a dit que le bonheur avait fervi les Romains encore plus que leur grandeur d'ame, leur politique & leur fermeté ; mais le bonheur n'eft rien pour qui fait l'apprécier : tous les évènemens fe lient par une chaîne naturelle, qui n'en exifte pas moins, quoiqu'elle foit invifible aux yeux du vulgaire des Obfervateurs. Un Politique, tel que Polybe, tel que Tacite, tel que Montefquieu, qui fait tout embrasser d'une vue générale, lit dans les évènemens de son siècle, ceux des siècles qui doivent le suivre, & les termes absurdes de *bonheur* & de *hazard*, ne se trouvent jamais dans la grammaire de l'homme de génie.

Un coup d'œil rapide jetté sur le monde connu, à l'époque mémorable où Rome commença à aspirer à la Monarchie universelle, achevera de nous convaincre que le bonheur n'entra pour rien dans l'exécution de ses vastes projets ; que, grace à la faiblesse de toutes les Puissances qui l'environnaient, elle n'éprouva qu'une résistance capable de comprimer son ressort & non de l'anéantir : & qu'enfin, elle ne doit qu'à son génie destructeur la gloire (si c'en est une) d'avoir, pendant un si grand nombre de siècles, foulé l'Univers.

Il y a environ vingt-trois siècles que Rome chassa ses Tyrans, pour être désormais à elle-même. La surface du globe à cette époque, n'offrait çà & là que quelques Puissances isolées, capables de fixer les regards de l'Histoire.

L'Amérique, presque toute entière sous les eaux, ou du moins sans habitans, n'existait probablement que par les pieds des montagnes de la chaîne des Cordillières, qui gênaient la navigation dans ces parages.

Aucun Hannon, aucun Gama, n'avait reconnu ce vaste Archipel des terres australes, qui doit servir de contrepoids à la masse immense des mers, dans l'équilibre du globe.

Il n'y avait en Afrique que deux Puissances, l'Egypte & Carthage ; mais l'une penchait vers sa chute, & l'autre ne faisait que de naître. Pour le reste de cette vaste péninsule, on ne la connaissait guères que par l'Ethyopie, patrie du conquérant Sabbacon, & par ces plaines arides & brûlantes de la Lybie, où les armées disparaissaient, quand elles allaient piller le Temple d'Ammon.

L'Europe, si vous en exceptez la

Grèce, était elle-même à moitié fauvage :
le Nord n'avait pas encore reçu la légiflation d'Odin : les Celtes, au milieu de nos
régions incultes, verfaient, dans d'abfurdes
duels, le fang qu'ils dérobaient aux loups
de leurs forêts & au couteau facré de
leurs Druides. L'Efpagne apprenait des
Phéniciens à exploiter fes mines, & notre
Portugal n'était connu que par l'ignorance des Géographes, qui en faifaient
les limites de l'Univers.

Un coup-d'œil Philofophique fur le
globe, à la naiffance de Rome République,
fe réduirait donc à un petit nombre de
lignes jettées fur l'Afie , fur deux Régions de l'Afrique , & fur une Puiffance
de l'Europe.

Si jamais peuple a mérité d'être mis en
regard avec les Romains, c'eft ce Chinois,
qui, confiné à l'extrémité de l'Afie, con-
ferve, depuis plus de quatre mille ans,
fes mœurs & fon caractère original, dont
la Religion eft pure comme fon Ciel,
qui n'a jamais été fubjugué qu'une fois,

& qui alors même a donné ſes loix à ſes Conquérans.

Le Chinois forme aſſurément une des Nations les plus anciennement civiliſées du globe ; en reléguant, parmi les fables orientales, ſa généalogie, qu'Ulug-Beig, neveu de Tamerlan, fait remonter à quatre-vingt-huit millions d'années avant notre ère vulgaire (*a*), il eſt toujours évident que ſon berceau tient à ces hauteurs de l'Aſie, qui ſont elles-mêmes le berceau du monde. C'eſt du plateau de la Tartarie, un des atteliers où le genre humain ſemble avoir été fabriqué, que ſont ſortis ces hommes ſi fiers d'avoir fait naître Congſutſée & Fohi (*b*) : mais quand

---

(*a*) C'eſt ce qui conſtitue en Aſie l'époque fameuſe du Catai. Voyez. *Epoch. Celebr. Cataior.* édit. de Londres, *in-4°.* pag. 50.

(*b*) On connaît la fameuſe expérience faite de nos jours ſur le Plateau de la Tartarie, patrie primitive des Chinois. Des Phyſiciens y ayant porté le baromètre, virent avec ſurpriſe le mercure deſcendre auſſi bas que ſur le ſommet des

la colonie se sépara de sa Métropole, celle-ci avait déjà fait les plus grands progrès dans la civilisation ; l'Atlante Tartare, ainsi qu'on l'a vu dans l'Histoire du monde primitif, avait un Athènes & peut-être un Sicile d'Alexandre ; du moins on peut en juger ainsi par les débris des connaissances humaines éparses dans toute la haute Asie & dont plusieurs peuples jouissent trop imparfaitement, pour qu'on les soupçonne d'être autre chose que leurs simples dépositaires.

On sent la prodigieuse supériorité que la colonie Chinoise, en portant à l'extrémité orientale de l'Asie les lumières de sa Métropole, dut avoir sur cette colonie Romaine, qui, formée de pâtres & de

---

Alpes, *Nov. Comment. Acad. Scient. Petropol.* tom. VI. ad ann. 1756 & 1757. — On en conclut que ce Plateau étant le pays le plus élevé du monde, dut, à la retraite de l'Océan, se trouver le berceau naturel des Monarchies de l'Orient.

brigands, sembla conjurer pendant cinq cents ans contre le génie & la raison, pour n'admettre d'autre gloire que celle qui naît d'un patriotisme exclusif, & d'un courage qui tient à la férocité.

De ce que la Chine est sortie toute civilisée du sein de sa Métropole, il résulte que l'économie sociale a dû de bonne heure se perfectionner dans cet Empire; tandis que Rome, brute & agreste pendant les deux cents quarante-quatre ans qu'a duré sa Monarchie, n'a marché qu'en tâtonnant vers un bon système de législation. Ici les faits viennent à l'appui des principes. Presque tous les Souverains de la Chine, dans les temps reculés, ont été les pères de la patrie. Fohi lia la morale des peuples à celle des Rois; *Xinun*, son successeur, fit fleurir l'agriculture dans ses Etats; le premier Hoamti calcula les éclipses, & composa des ouvrages philosophiques qui firent respecter sa mémoire.

Il n'en est pas de même de la dynastie des Rois de Rome. Romulus, homme de

fang, qui avait paffé fa jeuneffe à lutter
dans les bois contre des hyènes moins féroces que lui, donna aux guerriers qu'il
formait aux combats, un code plein d'atro-
cité. Numa, le plus pacifique des Légiflateurs, épura ce code monftrueux en
l'appuyant fur une Religion douce & amie
des hommes. Tullus rétablit enfuite les
inftitutions de l'impitoyable Fondateur de
Rome ; & Ancus - Martius plus Philofophe, fe crut obligé de nouveau de les
modifier. Rien de plus verfatile que ces
inftitutions Romaines fous les Rois. Chaque
Prince remontait à fon gré la machine du
Gouvernement, & elle n'en était que
plus gênée dans le jeu de fes rouages.

Si quelque évènement pouvait affurer
de la ftabilité à la légiflation Chinoife, &
fervir de barrière contre les attentats mu-
tuels, foit du Souverain contre les peuples, foit des peuples contre le Souverain,
c'eft l'inftitution de ce fameux Tribunal
d'Hiftoire, qui, inconnu à tout le refte
du globe, fubfifte de temps immémorial

dans la capitale des fucceffeurs de Fohi.
On fait que fes membres font chargés de
tranfmettre à la poftérité non-feulement
les affaires générales de l'Empire, mais
encore la vie privée du Monarque règnant
& celle des Grands de fa Cour. On jette
les mémoires dans un coffre d'airain, qui
ne s'ouvre qu'à la mort du Prince, &
quelquefois à l'extinction de fa dynaftie.
C'eft dans de pareilles annales, dont l'efprit d'adulation ne peut fouiller les pages,
que la tête, ainfi que les bras du corps
politique, apprennent à la fois leurs devoirs, la tête fur-tout qui, croyant ne dépendre que d'elle-même, eft plus difpofée
à les oublier.

Ce Tribunal de l'Hiftoire était en
vigueur à la Chine il y a vingt-trois
fiècles, & on peut en juger par l'anecdote
fuivante, qui tombe précifément au temps
où Rome chaffait fes Tyrans pour fe former en République.

Un Roi de Tfi ayant enlevé la femme
de fon Général, celui-ci le fit affaffiner,

& mit sur le Trône un autre Prince de sa Maison ; le Tribunal à l'instant consigna la relation du régicide dans ses archives, & le Général outré envoya le Président au supplice. Le successeur de l'infortuné, quoiqu'il vit sa sentence écrite sur l'échafaud où le Mandarin venait d'expirer, du moment qu'il se vit en place, ajouta de nouveaux traits à la relation fatale ; alors le terrible Vice-Roi cassa le Tribunal, & fit mettre à mort presque tous les gens de Lettres dont il était composé. L'indignation publique, à ce dernier acte de tyrannie, fut à son comble. La révolution se préparait en silence, & le Trône de Tsi allait être renversé, lorsque la Cour se hâta d'ériger un autre Tribunal d'Histoire, dont les Membres, tous Républicains, eurent la liberté de venger la Chine de ses oppresseurs, en flétrissant leur mémoire.

Cette émeute, causée à la Chine par l'enlèvement de la femme d'un Général d'armée, tandis que Rome se soulève pour punir le viol de Lucrèce, fait réfléchir profondément l'homme qui lit l'Histoire en Observateur. Les effets différens que le même attentat produit chez les deux peuples, prouve avec quelle facilité l'esprit Républicain se modifie, en prenant la teinte des mœurs & du caractère national. Transportés un moment le Président du Tribunal de l'Histoire à Rome, il tiendra le poignard levé sur la tête de Tarquin, tandis que Brutus à la Chine présentera sa propre tête au poignard du Tyran, & l'audace généreuse de l'un comme le dévoûment sublime de l'autre, ameneront également une révolution.

J'aime à m'arrêter sur une institution qui, malgré l'orgueil des Conquérans du monde, les met si fort au dessous des Asiatiques qui ont eu le courage, soit de la faire naître, soit de la conserver. Ce fameux Tribunal de l'Histoire ne dégénéra presque jamais de ces principes. Douze cents ans après la révolution de Tsi, l'Empereur Tsaitsong ordonna au Chef du Collège de lui montrer les Mémoires deſtinés à l'Hiſtoire de ſon règne. *Non,* lui répondit l'intrépide Lettré, *je te don-nerais plutôt ma tête. Si les hommes qui occupent ma place pouvaient dévoiler ce ſecret terrible, ils n'écriraient plus que pour louer leur Monarque. Juge de l'auſtérité de mes devoirs, puiſque je ſuis obligé de tranf-mettre à la poſtérité non-ſeulement le ta-bleau de tes faibleſſes, mais encore l'ordre que tu oſes me donner & ma réponſe.*

Suppoſons que de tels hommes écrivent chez les Romains l'Hiſtoire de leurs Rois, chaque règne qui finit deviendra entre leurs mains une eſpèce d'apologue, dont la moralité ſera apperçue par le règne qui commence, alors les ſucceſſeurs de Ro-mulus reſpecteront les propriétés de leurs peuples, pour que ceux-ci reſpectent leur pouvoir. Les Rois ne ſeront pas obligés de faire périr glorieuſement leur Nobleſſe ſur le champ de bataille, pour l'empêcher d'ouvrir les yeux ſur les attentats du Trône. Les Romulus, les Hoſtilius, les Tullius, au lieu d'être aſſaſſinés, verront au mo-

ment où la Nature les appellera près de
la tombe, la nombreuse famille de leurs
Sujets se rassembler autour de leur lit de
mort, pleurer & leur fermer les yeux.
Les grands coupables, dans ces nouvelles
annales Romaines, ne seront presque jamais heureux, comme ils le paraissent
dans celles des Empereurs Grecs, des Sultans, des Sophis, & de tous les pays
absolus où il n'y a d'Histoire que celle que
les Despotes commandent, ou celle qu'ils
peuvent lire.

La Chine naissante fut encore supérieure
à Rome naissante par sa population; tandis que Romulus, & les Princes qui oc-
cupèrent son Trône, étaient obligés d'en-
lever des femmes, de donner les privilèges de Citoyens à des esclaves, les
successeurs de Fohi n'étaient embarrassés
qu'à nourrir l'innombrable multitude qui
couvrait la surface de leur Empire. Il ne
faut pas oublier que dans le dernier dénombrement de la Chine, un des moins
considérables dont il soit fait mention

dans fes annales, le Gouvernement trouva 58,798,364 hommes en état de porter les armes, fans compter les Bonzes & les Mandarins. Ce beau climat eft la région du globe où les germes de l'efpèce humaine femblent le moins faits pour s'épuifer. Il eft arrivé fouvent que la terre fe refufait à nourrir tant de bouches, & alors la loi a toléré l'infanticide, crime qu'elle n'a cru néceffaire que parce que la vanité nationale s'oppofait à la fondation des colonies.

Un Ciel pur, une Religion douce, & un Gouvernement modéré, font à la Chine les pierres de Deucalion, qui produifent les hommes.

Les premiers Légiflateurs de ce vafte Empire de l'Afie, quand ils fe virent gênés par cette exceffive population, n'imaginèrent pas, comme les Héros de Rome République, de faire de la terre qu'ils fubjuguaient un vafte défert, pour la repeupler avec leurs colonies. Les feules conquêtes que leur Philofophie leur permit, furent celles qu'ils firent fur eux-mêmes ; ils coupèrent des montagnes dépouillées de leur enveloppe végétative, pour cultiver le fol fur lequel elles étaient affifes ; ils arrachèrent à la mer des provinces entières ; ils creusèrent des canaux de communication dans un efpace de quatre cents lieues ; en un mot, ils créèrent dans leur patrie une feconde patrie, avec laquelle ils virent doubler leur puiffance, fans qu'il en coutât le repos aux peuples qui avaient le malheur de naître dans leur voifinage.

Si la Chine, fous fes premières dynafties, fe trouve avoir quelque point de contact avec Rome naiffante, c'eft par fa Religion. Nous avons vu dans la vie de Numa, tout ce que fit ce Monarque Philofophe pour ramener au culte pacifique de la raifon un peuple qui en avait été écarté, foit par l'abominable ufage des victimes humaines introduit par Saturne, foit par les mœurs féroces que lui avait donné le code de Romulus. Les Sujets de

Fohi eurent de bonne heure des Numa, sans avoir passé par la tyrannie religieuse des Saturne & des Romulus. Le culte des Lettrés, adopté de temps immémorial par le Gouvernement Chinois, repose sur l'adoration d'un Être principe, dont la providence régit l'Univers (a). Ce culte, simple & sublime, subsista sans altération pendant deux mille ans : à cette époque, un nommé Laokium, qui se vantait d'avoir habité quatre-vingt ans dans le

---

(a) Il a paru cependant un Ouvrage du Moine Longobardi, qui accuse d'athéisme les Lettrés de la Chine. Il faut mettre cette calomnie avec celle du Jésuite Hardouin, qui accusa de ne pas croire en Dieu les Paschal, les Descartes & les Malebranche; & avec celle du Minime Mersenne, qui comptait soixante mille Athées à Paris, dans un temps où on ne répondait à ces Sectaires qu'en les brûlant.

Au reste, en 1710, l'Empereur Cang-hi, instruit qu'on flétrissait en Europe la religion de ses peres, rendit un Edit solemnel, qui purgea ses sujets de tout soupçon d'Athéisme. Voyez *Hist. de la Chine* du P. du Halde, tome 3, pag. 38.

fein de fa mère, vint apporter à la Chine les dogmes d'Epicure, le délire de la magie & le culte des Pagodes. A ce vieil enfant, fuccéderent des Bonzes qui amenèrent de l'Inde le Dieu Foë, efcorté de toutes les fuperftitions des rives du Gange : mais tandis que la multitude fe profternait aux pieds des phantômes que fa crédulité avait déifiés, les Lettrés fe garantirent de cette épidémie religieufe ; ils laifsèrent le fanatifme ériger des Temples ou les détruire, & ils confervèrent, foit dans leurs cœurs, foit dans leurs livres, les dogmes facrés de la Nature.

La Chine, pendant près de fept cents ans, refta inconnue aux Romains, & il faut l'attribuer à l'heureufe obfcurité où fa politique fut la maintenir ; elle voulut exifter pour elle, & non troubler fon repos en tourmentant le monde par d'injuftes conquêtes.

A ce motif, on pourrait en joindre un autre qui, quoique peu glorieux pour elle, ne doit point être diffimulé par l'Hiftoire. Les arts, qui annoncent une antique civilifation, quoique connus à la Chine dès les temps antérieurs à Fohi, n'y font jamais parvenus à ce degré de perfection où les ont amenés en Grèce & en Italie les Contemporains de Périclès & d'Augufte. La Chine femble avoir manqué de ce reffort qui fait afpirer à tous les fuccès, & envier tous les genres de célébrité. Depuis quarante fiècles, cet Afiatique manie le pinceau, polit le marbre. Cependant il n'a pu faire jufqu'ici un tableau bien deffiné, ni une ftatue avec toutes fes proportions. Il compte mille Poëtes Dramatiques, & il n'a point de Théatre; il connaît la bouffole de temps immémorial, & il ne s'eft jamais éloigné de fes côtes, loin d'avoir jamais tenté les voyages audacieux d'Hannon & des premiers Argonautes.

Nous avons cru devoir nous étendre fur les Chinois dans ce tableau du monde, à l'époque de Rome République, parce que c'eft le feul peuple ancien fur lequel

nos pinceaux n'ayent pas encore eu occafion de s'arrêter. Confiné à l'extrémité
orientale de notre continent, & féparé
du refte de la terre par des mers immenfes
ou par des déferts, il n'a jamais eu fes
intérêts liés avec les Nations qui ont fait
parler d'elles en Afie ou en Europe. Auffi
jufqu'à ce fiècle, fes annales n'avaient
encore fait partie d'aucune Hiftoire univerfelle. Voltaire a vengé les Chinois de
ce mépris général, dans fon Effai fur les
Mœurs des Nations, & nous les vengerons
à notre tour dans cette Hiftoire des
Hommes.

Les Scythes, épars dans diverfes contrées de l'Afie & de l'Europe, étaient plus
faits que les Chinois pour attirer les
regards de Rome conquérante ; mais ces
hommes fauvages & libres alors, comme
ils le font encore, retranchés derrière
leurs montagnes inacceffibles, bravaient
également la cupidité qui veut envahir
l'or & ce vain phantôme de gloire guerrière, qui confifte à ôter la patrie aux

hommes. Vingt ans avant l'extinction de la royauté dans Rome, les Scythes s'étaient mesurés avec Cyrus & avaient vengé l'Asie de l'oppression où la tenait le Conquérant de Babylone ; & par un concours singulier d'évènemens, l'année même où Brutus se fit le Libérateur de sa patrie, c'est-à-dire l'an 244 de l'ère du Capitole, le premier Darius, avide de conquêtes, étant venu à la tête d'une armée innombrable de Perses, pour ajouter à son Empire ce sol hérissé de rochers, où Cyrus était mort, saisi tout d'un coup de terreur à la vue du plan formidable de défense imaginé par les Scythes, repassa précipitamment le Danube, rompit le pont qu'il avait fait construire sur ce fleuve, avant que son armée entière eût défilé, & laissa quatre-vingt mille hommes en Europe, dont l'ennemi fit un horrible carnage.

Nous verrons dans la suite de cette Histoire, ces Scythes descendre à diverses époques du nord de l'Asie, inonder l'Em-.

pire Romain & mettre en poudre ce co-
losse, qui, comme celui de Daniel, avec
sa tête d'or, ne se trouva avoir que des
pieds d'argile.

Les deux peuples Scythes qui, au temps
de la division des deux Empires d'Orient
& d'Occident, firent le plus de mal aux
Romains, sont les Huns & les Alains,
tous deux habitant alors le long du Volga
& des Palus Méotides, mais issus primitivement de ces Tartares qui, après avoir
fondé la Chine & lui avoir fait la guerre
pendant quatre mille ans, ont fini par
adopter leurs mœurs en les subjuguant.
Les Alains, au siècle de Tarquin le Superbe, erraient probablement le long du
Jaïk : pour les Huns, fixés au nord de
la Chine depuis plus de trois mille sept
cents ans, ils n'ont été chassés de leur antique patrie par les successeurs de Fohi,
que depuis environ treize siècles ; & c'est
à cette époque que, se jettant vers les
Palus Méotides & précipitant les Alains
sur les Ostrogoths, qu'ils chassaient éga-

lement

lement devant eux, ils ont puni, par leurs invasions terribles, la Rome des Césars, des crimes de Rome République.

Rome libre a eu un peu plus de rapport avec l'Inde, qu'avec la Chine ou avec la Scythie. Plus d'une fois les victoires de ses Généraux retentirent jusques sur les bords du Gange ; plus d'une fois elle reçut, de ces régions fortunées, des ambassades, qui lui apportaient le tribut volontaire de leur admiration. Mais jamais les Scipion, les Pompée & les César, ne tentèrent de subjuguer les peuples de l'Inde ou du Gange. L'Inde fut, avec la Perse, le seul pays de l'héritage d'Alexandre qui, dans la révolution qui fit de Rome la Capitale du monde, échappa à l'esclavage.

Il ne faut pas faire honneur de cette indépendance au courage des Indiens. Ce peuple, énervé à la fois par son Ciel, par son Gouvernement, & par sa Religion, n'avait à opposer que le bec pacifique de la colombe aux serres des vautours. De plus, il fut toujours divisé en une foule de petites Puiffances rivales, dont d'utiles confédérations ne mafquèrent jamais la faibleffe. Auffi le beau pays qu'il cultive, dès les âges primitifs, a-t-il toujours été la proie du premier conquérant qui a voulu s'en emparer. Sans parler des invafions plus célèbres que connues des Bacchus & des Hercule, Sémiramis en une feule campagne, dit-on, rendit l'Inde tributaire de Babylone; Alexandre, qui mettait fon génie à faire les Souverains & à les dé-pofer, y diftribua des couronnes à fes vaffaux. Au commencement du treizième fiècle, Gengiskan, à la tête des hordes de Tartares qu'il avait fu réunir fous fes drapeaux, y renouvella les triomphes du Héros de la Macédoine; mais en faifant revivre fon courage, il fit regretter fa clémence. Environ deux fiècles après, Timur-Bec entra dans l'Indoftan par le Mont Caucafe, fit couler des rivières de fang dans le climat pacifique des Brac-manes, & laiffa ce nouveau fceptre à fa Maifon. Enfin, de nos jours, Scah-Nadir a mené ſes brigands victorieux juſqu'à Delhi, & a emporté de l'Inde les tréſors immenſes que l'avarice Mogole y avait amoncelés ; tréſors qui, entre les mains d'un Machiavel couronné, aurait ſuffi, je ne dis pas pour conquérir l'Europe, mais pour l'acheter.

L'Inde, à l'époque où Rome ſe forma en République, était d'autant moins diſpoſée à diſputer ſes Trônes à un Conquérant, que la plupart étaient occupés par des Brachmanes, ces hommes de paix, qui furent à la fois les premiers Prêtres, les premiers Souverains, les premiers Philoſophes de leur patrie, & qui réuniſ-ſaient par conſéquent tous les titres que peuvent donner la nature & la loi, pour gouverner leurs ſemblables.

Ces Brachmanes, pendant que Rome chaſſait ſes Tyrans, s'occupaient dans leur pays à élever des monumens contre la tyrannie. Telles furent, en particulier, les inſcriptions philoſophiques dont ils revêtirent les murs du fameux Temple de

Shalembroum, qu'on voit encore à quelques lieues des ruines de Pondichéry. Ces inscriptions sont dans une langue antérieure au Hamscrit, que les Brachmanes commençaient à parler il y a quatre mille cinq cents ans. Pour l'édifice lui-même, les Savans les moins prévenus en faveur des antiquités Indiennes, le croyent antérieur aux pyramides des Pharaons.

Les Conquérans ont exterminé presque toutes les Races Royales des Brachmanes. Il n'en existe, dit-on, qu'une seule aujourd'hui dans la petite Principauté de Bisnapore au Bengale. C'est là qu'on retrouve l'ancien système politique de l'Inde dans toute son intégrité. L'hospitalité, exercée envers tous les Etrangers, le privilège des Citoyens de ne dépendre que de la loi, l'heureuse impuissance du Souverain de nuire aux peuples qu'il gouverne, & mille autres institutions de ce genre, qui assurent à cette nouvelle République de Platon une consistance que n'auront jamais cette foule de Législations, dont le defpotifme eft la bafe, & qui paffent rapidement fur la fcène du monde avec les générations qu'elles tourmentent.

C'était à l'Affyrie qu'il appartenait peut-être de difputer à Rome le fceptre du monde. Ce fuperbe Empire embraffait fous Sémiramis l'Afie prefqu'entière, depuis le Nil jufqu'à Tanaïs ; l'Océan le bornait du côté de l'Occident, & l'Indus du côté de l'Orient. Si la poftérité de Bélus avait fourni encore une génération de Conquérans, l'Europe aurait été fubjuguée, & Rome anéantie avant que de naître. Mais ces deux Puiffances ne pouvaient fe rencontrer fur l'arène pour lutter entre elles. Dès le temps où Romulus, avec fa horde de brigands, entourait fon faible hameau de paliffades, Babylone, le centre du luxe & des arts, paffait pour la première ville de l'Univers, & c'était parce qu'elle fé voyait arrivée à fon plus haut période de fplendeur, que les Sages preffentaient fa décadence.

En effet, le fceptre ayant langui pendant deux siècles dans les deux dynasties des Empereurs Mèdes & des Rois de la Chaldée, Cyrus, que son Machiavélisme avait déjà rendu maître d'Ecbatane, vint, l'épée à la main, s'emparer de Babylone; & il y avait trente ans que l'Empire d'Assyrie était devenu une Province de la Perse, quand Brutus donna une patrie aux esclaves de Romulus.

La Perse fit pour venger le monde, ce que l'Assyrie aurait dû faire. Cet Empire, que la gloire meurtrière de Cyrus, la conquête d'Alexandre, & la Religion de Zoroastre ont rendu célèbre dans l'Antiquité, était destiné par la Nature à conserver toujours son indépendance : borné à l'Orient par le peuple pacifique de l'Indostan, au Nord par la mer Caspienne & les déserts de la grande Tartarie, & au Midi par le golphe qui porte son nom, il n'a jamais eu à craindre d'invasion que du côté de l'Occident; & si malgré tant de barrières puissantes, il a été quelquefois subjugué, il n'a dû s'en prendre qu'au vice de ſes loix & à l'inertie de ſes Deſpotes, qui, ſans force pour le défendre ſur les champs de bataille, n'avaient d'activité que pour le dévorer au ſein de la paix.

Pendant que Romulus faiſait maſſacrer dans Albe ſon oncle Amulius, la Perſe avait une dynaſtie de Rois qui la gouvernait en ſilence. Eſchyle, le Corneille des Grecs, le dit clairement dans une de ſes Tragédies ; mais cet Empire n'eſt rien pour l'Hiſtoire avant Cyrus, qui l'a écraſé doublement par ſa gloire & par ſes crimes. Il eſt des Etats qui, malgré leur antiquité, ne datent leur origine que du premier perſonnage célèbre qui leur donne des loix. Le Pont n'exiſte pour la poſtérité, que du règne de Mithridate. Les annales de Ruſſie datent proprement de l'avènement du Czar Pierre, & la Pruſſe a commencé au Philoſophe Frédéric.

Tarquin le Superbe commençait déjà à régner dans un coin de l'Italie, quand Cyrus maîtriſait l'Aſie, envahiſſait l'Empire des Mèdes, & faifait tomber le Trône de Sémiramis. Le fracas de tous ces Etats, qui fe renverfaient les uns fur les autres, ne parvint point jufqu'à Rome, qui, fans rapport avec les peuples qui ne menaçaient pas fon repos, & ne connaiffant d'autre Géographie que celle des contrées intermédiaires entre les Alpes & la Sicile, aurait attaché moins d'intérêt au fac de Sardes & au renverfement de Babylone, qu'à la prife des petits hameaux d'Ardée ou de Cornicule.

Il ne faut point chercher quel fut le caractere des Perfes fous les faibles fucceffeurs de Cyrus. Dans tout Etat dégradé, par le pouvoir arbitraire, ce n'eft que par le Trône qu'on juge des mœurs d'une Nation. L'Hiftoire des villes eft plus obfcure que celle du palais. Le Defpote eft tout, & le peuple n'eft rien.

Il fallait que ce defpotifme fût un fléau terrible pour le peuple fur lequel il s'exerçait, puifque vingt-cinq ans après, c'eft-à-dire, au temps où Tarquin était chaffé de

Rome, il ne restait plus en Asie aucune trace de la terreur qu'avaient inspirée les conquêtes de Cyrus. Les Scythes se mesuraient avec succès contre les Perses, & leurs massacraient impunément quatre-vingt mille hommes.

Le génie & les arts dorment encore, pendant que le despotisme veille. Aussi nous ne voyons pas que Suze, au plus haut point de sa splendeur, ait eu des Apelle ou des Phidias. On ne nous a conservé le nom d'aucun Historien Perse. Le Théatre ne s'est point élevé dans cette Monarchie, au-dessus des tréteaux de Thespis. Les ruines mêmes de Persepolis n'attestent qu'une magnificence barbare, digne des constructeurs des pyramides.

La simple & pacifique Religion de Zoroastre est le seul monument qui, pendant les deux siècles écoulés entre la mort de Cyrus & la conquête d'Alexandre, dépose en faveur de la sagesse des Perses ; & ce fut un grand bonheur pour eux de n'avoir pas adopté le culte sanguinaire du

Saturne de Carthage ; ils se seraient trouvés le plus malheureux des peuples du globe, s'ils avaient gémi à la fois sous le fléau des Rois absolus & sous celui des Dieux Antropophages.

La Perse fut envahie par Alexandre ; & si Pompée ou César avaient vécus à cette époque, cet Empire aurait pu devenir une Province de Rome, comme elle la devint de la Macédoine. La Perse, entraînée à sa décadence, avant le terme ordinaire, par deux siècles de tyrannie, finissait alors ; & un Etat absolu qui finit, n'a aucune force contre une République qui commence.

La Perse, instruite par l'expérience fatale que lui avaient donnée les successeurs de Cyrus, se circonscrivit elle-même dans la suite, pour ne point présenter une surface trop étendue au glaive des Conquérans ; bornée à la Parthiène & à quelques régions adjacentes, elle profita des discordes des Princes, qui se partagèrent l'héritage d'Alexandre, pour secouer peu-à-

peu le joug que ce Héros lui avait impofé·
Il y avait à peine foixante-huit ans que le
vainqueur de Darius était dans la tombe,
lorfqu'elle fe donna à Arface, qui, fier du
fuffrage des peuples, & encore plus du
droit de fon épée, fe créa une Souveraineté indépendante, en démembrant la vafte
Monarchie des Séleucides.

Cet Arface eft le Fondateur du fecond
Empire des Perfes, qui, fous le nom de
Parthes, engloutirent la moitié de l'Afie,
qui défirent les légions Romaines fous les
Triumvirs & fous les Céfars, & que
Rome, armée de toutes les forces du refte
du monde, ne put jamais venir à bout
de fubjuguer.

Un Artaxerxe, des ruines de cet Empire des Parthes, forma un troifième Empire des Perfes, qui, non moins fatal à
la grandeur Romaine que la monarchie
fondée par Arface, attaqua tour-à-tour
les Céfars en Orient & en Occident, &
ne donna du relâche, foit à la Capitale du
monde, foit à Conftantinope, fa rivale,

que lorſque leur chute eut vengé la longue oppreſſion du genre humain.

Mais nous verrons en détail, dans le cours de cet ouvrage, par quel enchaînement de cauſes politiques les deux Empires d'Arſace & d'Artaxarxe, quoique fondés ſur le deſpotiſme, eurent aſſez de vigueur pour ſervir, du côté de l'Orient, de barrière aux conquêtes des Romains. Ce tableau de la Perſe, à l'époque de la révolution qui fit de Rome une république, eſt deſtiné à faire preſſentir ſon Hiſtoire, & non à la remplacer.

Une autre Puiſſance de l'Aſie partagea encore avec la Chine, la Perſe & la Scythie, l'avantage de ne point paſſer ſous le joug des Conquérans du monde; c'eſt l'Arabie. Au reſte (& c'eſt une merveille ſans doute dans l'ordre moral), cette vaſte péninſule n'a jamais été ſubjuguée en entier par perſonne; elle a produit des Héros guerriers, qui ont changé la face du globe; & toujours libre au milieu des Empires qui s'écroulaient les uns ſur les autres, elle a vû leurs ruines fans les partager.

Sa fituation fut toujours la première caufe de fon éternelle indépendance. De vaftes déferts la bornent au Nord; des trois autres côtés, le golphe de Perfe, la mer Rouge & l'Océan Indien, lui fervent de barrière. Une pareille enceinte eft plus faite pour arrêter des Ufurpateurs, que cette muraille de cinq cents lieues, élevée par les Chinois contre les Tartares, & qui ne les a pas empêchés d'en être fub-jugués.

La partie de cette vafte région qu'on nomme l'Arabie-Pétrée, eft un amas de rochers amoncelés les uns fur les autres, dont le défordre pittorefque femble at-tefter une révolution phyfique du globe, antérieure à tous nos monumens hifto-riques : l'Arabie déferte, encore plus in-culte, n'eft qu'une plaine immenfe, cou-verte d'un fable embrâfé que le vent élève en tourbillons, & que les voyageurs des Caravanes ne traverfent au péril de leur vie, qu'à caufe du fanatifme religieux qui les domine. L'eau, dans ces deux Arabies, eft fi rare, que de temps immémorial les Rois s'y font battus pour des puits ou des citernes.

Ce tableau n'eft point celui de l'Hyémen ou de l'Arabie Heureufe. Les fontaines toujours jailliffantes qui arrofent cette dernière contrée, l'odeur aromatique qu'exhalent de tout côté fes plantes indigènes, & la culture fertile de fes arbres, fous une zône où le bonheur fuprême femble confifter à être à l'ombre, la douceur même des mœurs de fes habitans, tout devait exciter la jaloufie des Nations rivales. Mais pour y arriver par terre, il fallait ou franchir les rochers inacceffibles, qui bordent la péninfule de l'Arabie du côté de l'Egypte & de la Paleftine, ou s'expofer à périr mille fois en traverfant les vaftes déferts qui la féparent de la Syrie & de la Chaldée. L'approche n'en était guère plus facile du côté de la mer, à caufe des tempêtes de la Mer-Rouge &

des courans du détroit de Babelmandel ;
auſſi, grace à la poſition de l'Hyèmen , la
nature lui avait ordonné d'être libre,
comme aux Sauvages habitans des roches
de Petra , ou de l'enceinte des déſerts.

Alexandre , qui du moins a ennobli
quelquefois le métier des conquêtes , par
ſes grandes vues & par le bien qu'il méditait de faire aux hommes , regardait cet
Hyèmen , à cauſe de l'heureuſe ſituation
de ſes ports ſur l'Océan indien , comme le
pays que la nature avait déſigné pour être
le centre du commerce du globe. Plein
de ce projet , il ſe propoſa de ſubjuguer
l'Arabie entière , pour faire de la partie
qu'on déſigne ſous le nom d'Heureuſe ,
le ſiège de ſon Empire. Il aurait alors en-
tretenu l'ancien canal des Pharaons , qui
faiſait communiquer le Nil à la Mer-
Rouge , & tous les tréſors de l'Inde auraient paſſé d'Aden à Alexandrie.

C'était un beau rêve, ſans doute, qu'un
pareil projet ; mais le héros vécut trop peu
pour l'exécuter : la mort le ſurprit à Baby-

lone, avant que ce plan superbe eût acquis dans sa tête toute sa maturité. Si une nouvelle Alexandrie s'était élevée à l'extrémité de l'Hyèmen, il en serait résulté un contrepoids immense dans la balance politique de ce continent, & Rome, à coup sûr, ne serait pas devenue sa capitale.

L'Hyèmen a été plus de six siècles & demi sans que ses Rois ayent occupé d'eux les puissances de l'Asie ou de l'Europe. Le grand événement de Rome, devenue République, tombe même au milieu de ce vuide immense qu'on découvre dans l'ancienne chronologie des Arabes ; car Tarquin ayant été détrôné l'an 244 de l'ère du Capitole, il se trouve que de Lolaicarb & d'Aboucarb, les deux Rois de l'Hyèmen les plus voisins de cette époque, l'un règnait plus d'un demi siècle avant l'ère même, & l'autre, l'an six cents vingt-cinq depuis qu'elle avait commencé. Pendant ce long intervalle, le monde ne sut l'existence de l'Arabie Heureuse que par le commerce de ses aromates, & par le rêve brillant d'Alexandre.

Depuis la chute de l'Empire des Califes, les Princes Ottomans ont tenté plusieurs fois de conquérir les trois Arabies, pour rendre plus sûr le pélerinage de la Mecque. Mais cette péninsule s'est toujours défendue avec avantage ; elle n'a eu besoin d'opposer aux armées des Sultans, que ce qu'elle opposait autrefois aux conquérans de l'Asie & de l'Europe, c'est-à-dire, ses déserts, son courage & sa pauvreté.

Il s'en faut bien que le sol de Tyr, de Berith & de Sidon vaille, pour la fertilité, les plaines de l'Hyèmen, celles de la Chine, ou les rives fortunées du Gange & de l'Euphrate : & voilà pourquoi les Phéniciens ne trouvant chez eux qu'une nature marâtre, oserent franchir, sans boussole, l'intervalle immense des mers, & se créer une nouvelle patrie, dans des régions dont leurs Géographes même presentaient à peine l'existence. Ce génie singulier pour les découvertes, donne à ce

peuple navigateur une physionomie de caractère qui le rend digne d'être mis en
regard un moment avec les dominateurs
du monde.

On conçoit avec peine comment on posa
les fondemens de Tyr sur un sol ingrat &
aride , qui semble repousser ses habitans.
Mais du moment que cette ville est fondée , & qu'elle reçoit dans son enceinte des
citoyens qui ont un caractère , il faut né-
cessairement qu'elle domine ou qu'elle
tombe. L'industrie qui rampe chez un
peuple agricole , prend des aîles chez un
peuple navigateur. Aussi les Phéniciens ne
tardèrent pas à se former un Empire éten-
du , fondé sur les besoins des étrangers
& sur leur ignorance : ils surent imposer un tribut volontaire à la vanité des
nations avec lesquelles ils commerçaient ;
& devenus bientôt les facteurs du monde
connu , ils acquirent en un siècle une
opulence & une célébrité que Rome n'ob-
tint que par sept cents ans de vertus &
de victoires.

Ces Phéniciens, condamnés par la nature à n'habiter qu'une terre ftérile, tirèrent parti de fa ftérilité même, pour augmenter leur puiffance. Il s'adonnèrent à la pêche, & le murex de leurs côtes leur donna la pourpre : ils n'avaient autour d'eux que des fables arides, & ce fable leur fit trouver le fecret du verre.

Ce n'eft point une obfervation indifférente pour le lecteur philofophe, qu'Abibal, le premier Souverain de Tyr, dont le nom nous a été tranfmis par l'hiftoire, n'ait commencé à règner que 960 ans après qu'Elbafe, Roi de Berith, eut accepté la dédicace de l'Hiftoire phénicienne de Sanchoniaton. Quelle prodigieufe antiquité ne fuppofe pas, dans ce peuple, la naiffance d'une Hiftoire de génie ? Qu'on fonge que Rome fut cinq cents ans fans écrire fes annales, & combien de fiècles n'a-t-il pas fallu à la Gaule pour faire naître Grégoire de Tours & le Roman de la Rofe ?

Ce Sanchoniaton, traduit par Philon

de Byblos , avec un enthoufiafme digne
de nos anciens commentateurs d'Ariftote ,
avait écrit une Hiftoire des premiers âges,
fur les Mémoires de Thaut , qu'on regardait comme l'inventeur de l'art d'écrire.
On en lifait les premières lignes dans les
myftères de Cérès & d'Ifis : hommage
que la fierté grecque ne s'abaiffait à rendre à un ouvrage étranger , que parce
qu'on le regardait comme la bafe des con-
naiffances humaines. Ce monument , s'il
avait pu parvenir jufqu'à nous , fervirait
de fonde aux modernes pour naviguer
dans cet océan de fables qui forme l'Hiftoire primitive de l'antiquité ; & comme
Thaut eft l'Hermès des Atlantes , dont la
vie eft liée avec celle de Saturne , nous
trouverions dans l'Hiftorien de Phénicie ,
qui a été fon interprête , affez de faits pour
rectifier , finon les fragmens de Platon &
de Diodore fur l'Atlantide , du moins les
antiquités de l'Italie , que nous tenons
de la plume fufpecte de Denys d'Halicarnaffe.

N'oublions pas fur-tout que ces Romains, qui méprifèrent tous les peuples
qu'ils fubjuguèrent , & qui étendirent leur
dédain jufques fur les Grecs , qu'ils co-
pièrent cependant pour avoir un fiècle d'Augufte, n'oublions pas , dis-je, que lorfque
Romulus entoura de quelques pieux leur
ville naiffante , il y avait douze cents
foixante & onze ans qu'un Roi de Berith
avait lu l'Hiftoire de Sanchoniaton , dont
il avait accepté la dédicace.

Les Phéniciens ambitionnèrent une autre forte de gloire , qui établît du moins
aux yeux des Philofophes , leur fupériorité
fur Rome République. Ils voulurent être
celèbres fur tous les points de la furface du
globe connu , & cette célébrité ne fut
point achetée par les larmes des peuples. Ils
ne fe montrèrent aux étrangers que pour
refferrer, par un commerce utile , les liens
de la fociété univerfelle. Maîtres des mers ,
que leurs vaiffeaux avaient appris à dompter , ils ne s'y firent point redouter par
leurs brigandages. Tandis que Rome ,

née pour détruire, changeait en déferts les villes florissantes, Tyr, faite pour confoler la terre, faifait naître des villes au fein même des déferts.

Quand Rome détrôna fes Defpotes, il y avait à peine trente ans que Cyrus, en prenant Babylone, avait rendu l'indépendance aux diverfes Couronnes de Phénicie. Cependant tous ces Rois de Tyr, de Sidon, de Berith & d'Arad, ne durent pas fe croire libres, parce qu'un conquérant qui ne les craignait pas, leur permettait de l'être. En fecouant la domination Affyrienne, ils ne firent proprement que changer de fers. Les Souverains de la Perfe, en ne s'honorant que du titre de leurs bienfaiteurs, devinrent réellement leurs maîtres : on reconnaît cette fervitude politique dans la baffeffe qu'eurent un Mapen, Roi de Tyr, & un Narbal, Roi d'Arad, d'accompagner Xerxès dans fa fameufe expédition contre les Grecs, & de mandier fa bienveillance par des plans militaires, qui tendaient à la deftruction du Péloponèfe.

Sidon, fous Ochus, voulut fe gouverner par fes propres loix; mais le Defpote farouche traita ce trait de courage, d'acte de rébellion, entra l'épée à la main dans cette ville infortunée, fit trancher la tête à Tenne, fon Roi, qui l'avait trahie, & força quarante mille de fes citoyens à fe brûler dans leurs propres maifons, pour fe dérober aux tortures qui devaient précéder leur fupplice.

Tyr elle-même, toujours vaffale de la Perfe, malgré la dynaftie de Rois qu'elle maintenait fur fon trône, ne put jouir du plaifir de voir venger par les Macédoniens tout le fang Phénicien répandu dans les remparts de Sidon; ayant bleffé l'orgueil d'Alexandre, elle fut faccagée elle-même par le conquérant, quatre ans avant le renverfement de l'Empire de Darius.

Si les Phéniciens, trop tôt difparus du nombre des Puiffances libres, qui fleurirent fur la furface de l'Afie, ne purent mettre par eux-mêmes des bornes à la monarchie univerſelle qu'ambitionnaient les Romains, ils le firent du moins par une de leurs colonies, par cette Carthage, qui, grace à la marine qu'elle tenait de ſa métropole, à l'art qu'elle eut de lier ſes intérêts avec ceux d'une partie de l'Europe & de l'Afrique, & ſur-tout au génie d'Annibal, empêcha Rome pendant un ſiècle d'écraſer l'univers.

A l'époque de la fondation de Carthage, il y avait déjà une foule de colonies Phéniciennes répandues ſur toutes les côtes de cette Méditerranée, dont Rome, de bonne heure, affeſta l'empire. La partie, ſur-tout de l'Afrique, qui regardait la Sicile, en était couverte. On y comptait Adrumet, les deux Leptis, Tanger & cette Utique, que le dernier des Catons immortaliſa par ſon ſuicide.

L'induſtrieuſe Tyr, maîtreſſe des côtes de la Méditerranée, n'avait pas négligé ſon Archipel; elle avait peuplé la Sardaigne, la Corſe, Malthe, les iſles Baléares, s'était aſſuré l'entrée du Détroit de Gibraltar, par sa ville de Carthèia & son port de Gadès; & après avoir établi des comptoirs, soit dans la Grande-Bretagne, soit dans les Gaules, elle avait porté son pavillon triomphant jusqu'à cette Thulé, si célébre dans l'antiquité, & que nos Œdipes, dans l'art conjectural de l'étymologie, prennent tantôt pour l'Islande, tantôt pour la Norwege, & quelquefois pour le Nouveau-Monde.

Carthage, qui par elle-même aurait eu beaucoup de peine à maintenir la balance du monde, qui penchait sans cesse vers Rome sa rivale, eut l'art de donner quelqu'égalité aux poids des deux bassins, en mettant de son côté toutes ces petites Puissances qui reconnoissaient comme elle Tyr ou Sidon pour leur métropole.

Cette Carthage, avant de descendre dans l'arène pour commencer avec Rome ce fameux combat, que l'une des deux devait terminer par sa mort, avait eu plus d'une conformité avec sa rivale, & quelques traits de ce parallèle, qui a échappé à tous les Hiftoriens , peuvent paraître piquants dans cet Ouvrage.

Timée de Sicile croyait que Carthage avait été fondée la même année que Rome (*a*) ; ainfi les deux Puiffances ont paffé enfemble par les mêmes périodes , d'enfance , d'adolefcence & de maturité ; ce qui , par rapport à celle qui a fuccombé , ajoute plus d'intérêt à fa décadence.

Carthage , avant de devenir République comme Rome, fut, ainfi que cette ville rivale , gouvernée par des Rois. Mais

---

(*a*) Cette fondation n'eft peut-être qu'une révivification ; du moins l'Hiftoire fuppofe qu'il y eut une premiere Carthage , fondée par Xoros, & Carchèdon, un demi-fiècle avant la prife de Troye , & une feconde, qui fut élevée par Didon , cent cinquante ans avant l'établiffement de la Monarchie de Romulus ; mais ces deux premières Carthages n'ayant joué aucun rôle dans les révolutions de l'Afrique, la troifième feft la feule , peut-être , qui a mérité les regards des Hiftoriens de Rome : ce qui juftifie la chronologie de Timée de Sicile.

cette Monarchie ne fubfifta guère que quatre - vingts ans. L'Ariftocratie, gouvernement bien plus favorable à l'efprit de commerce, fut fubftituée, dans la ville de Didon, à la Monarchie : ainfi Carthage libre put fe mefurer avec la patrie des Brutus & des Camille, qu'elle n'eût ofé envifager, fi elle n'avait été que le patrimoine d'une dynaftie de defpotes.

La nouvelle République, la feule que l'ancienne Afrique ait jamais eue dans fon fein, réuniffait, comme Rome, les trois pouvoirs ; deux Magiftrats annuels, fous le titre de Suffètes, préfidaient le Sénat, & le Peuple ratifiait, dans fes affemblées générales, les délibérations du Corps de la Nobleffe. Outre cela, on créa un Tribunal de cent quatre citoyens, pour balancer le pouvoir des Grands, & mettre un frein à l'ambition des Généraux. Les Suffètes font évidemment les Confuls ; l'affemblée générale des Carthaginois repréfente celle des Romains, par curies & par centuries ; les cent quatre Magiftrats populaires, défignent ces formidables Tribuns du peuple, qui fervirent fi bien, pendant plus de quatre fiècles, la jaloufie des Plébeyens, contre une Nobleffe qui mettait à leurs pieds les couronnes de l'univers.

Carthage fut plus heureufe que Rome, dans la diftribution de fes trois pouvoirs ; car, s'il en faut croire Ariftote, cette Métropole de l'Afrique fut cinq cents ans fans fédition de la part du Peuple, & fans voir naître, parmi fes Magiftrats, des tyrans qui attentaffent à fa liberté, au lieu que fa rivale, toujours en proye à des diffentions inteftines, écrafée tantôt par fon Sénat, tantôt par fes Tribuns, ne fe fraya, qu'au travers d'un fleuve de fang, une route à la Monarchie univerfelle.

Carthage s'éleva au niveau de Rome, en fuppléant au patriotifme guerrier, qu'elle ne pouvait avoir au même dégré que fa rivale, par l'activité qu'elle mit à fon commerce maritime. Ce commerce

fut en tout temps l'élément de cette Puissance, & il faut avouer que sa situation
se prêtait merveilleusement au génie ar-
dent de ses navigateurs. Placée au centre de
la Méditerranée, également à portée de
l'Orient & de l'Occident, elle embrassait,
par les mers qu'elle couvrait de ses flottes,
toutes les régions connues. Cependant,
quoiqu'elle associât sa gloire à celle des
Phéniciens, elle n'adopta pas tous leurs
principes de commerce; les citoyens de
Tyr s'étaient contentés d'être les facteurs
de l'univers; les Carthaginois voulurent
encore subjuguer les nations qui les enri-
chissaient; ils trouvèrent une résistance
opiniâtre de la part des Indigènes, & alors
ils dénaturèrent le droit pacifique d'é-
change, établi originairement entre les
hommes. On les vit descendre le glaive &
la torche à la main sur les côtes, où
leurs ancêtres avaient des comptoirs, massacrer des peres de familles qui voulaient
être libres, violer leurs femmes, & con-
damner à l'esclavage des mines ceux de

leurs enfans qui avaient la faibleſſe de leur ſurvivre.

Carthage, grace à l'induſtrie de ſa marine marchande, & aux brigandages heureux de ſa marine guerrière, forma peu·à·peu un Empire de la plus grande étendue. S'il en faut croire le Périple de Scylax, ouvrage a cet égard peu ſuſpect, cet Empire, vers le temps de la troiſième guerre punique, s'étendait, dans la ſeule Afrique, ſur trois cents villes, répandues dans un eſpace de mille lieues, depuis la grande Syrte juſqu'au Détroit de Gibraltar. Malheureuſement, à cette époque, la tête de ce coloſſe politique, dans la dernière guerre contre Rome, avait été bleſſée à mort ; & comme les canaux qui portaient à l'extrémité de ſes membres les principes de vie, étaient obſtrués, les mouvemens convulſifs de tant de colonies diverſes n'annonçaient que le dernier ſoupir de la Métropole.

En général, le caractère des Carthaginois (& c'eſt ce qui rend la poſtérité moins senfible à leurs défaftres) était celui de ces pirates effrenés, qui aiment mieux avoir de l'or que des mœurs. Non que j'adopte à cet égard le portrait chargé qu'en ont fait les Romains; ceux-ci étaient intéreffés, pour couvrir leurs propres perfidies, à calomnier les ennemis éternels de leur grandeur, comme nos Européens, pour couvrir la férocité de leur conquête, à peupler le Nouveau-Monde d'antropophages. Mais je juge par les faits & non par les périodes harmonieufes de Tite-Live. Il eft certain que la tyrannie des Carthaginois en Efpagne, leurs barbaries dans la guerre de Sicile, & fur-tout le culte fanguinaire de Saturne, qu'ils n'abandonnèrent jamais, même dans leurs plus grands défaftres, décèle un fond d'inhumanité qui fuffit, dans les annales de la raifon, pour dégrader à jamais leur mémoire.

C'était fur-tout au temps où Rome fe rendit indépendante, que la férocité religieufe de Carthage faifait couler le plus de fang humain aux autels de Saturne. A-peu-près vers l'année de l'expulfion de la famille royale des Tarquins, le Roi de Perfe fit défendre à la République Africaine, par fes Ambaffadeurs, d'immoler des victimes auffi précieufes à l'Etat, & le carnage facré ceffa quelque temps. Vingt-huit ans après, Gélon ayant remporté une victoire éclatante fur les Généraux de Carthage, ce héros de la Sicile, dans la paix qu'il donna à fes ennemis défaits & humiliés, ftipula encore qu'ils ne rougiraient plus du fang de leurs concitoyens la ftatue de Saturne. Carthage obéit au vainqueur, mais feulement tant qu'il fe fit craindre, & des torrens de fang humain coulèrent encore pendant trois fiècles, fous le couteau des Calchas, jufqu'à ce qu'enfin Scipion, en détruifant cette ville de fond en comble, mit fin pour jamais à tant de fanatifme & de perverfité.

Je voudrais, en traverfant cette Afrique où régna Carthage, ne point parler de l'Egypte, qui malgré l'orgueil des Prêtres

qui écrivirent ses annales, & deux mille
ans de préjugés sur sa prétendue sagesse,
n'a jamais érigé un seul monument dont
les arts se glorifient, n'a guère donné à
ses Peuples que des mœurs dont la phi-
losophie rougit, & des loix dont la raison
profonde des Solon, des Pen, des Locke
& des Montesquieu, atteste l'impéritie.

Quel poids pouvait faire cette Egypte
dans la balance de notre continent, à
demi subjugué par les Romains ? Sans
forces, ni pour attaquer ses voisins, ni
pour se défendre des incursions, elle n'a
jamais été attaquée par des Puissances rivales, sans être subjuguée. Tantôt c'est
le Phénicien Saïtes qui détrône une dynastie, pour que la sienne soit détrônée à
son tour par des Pasteurs grecs; tantôt,
c'est l'Ethyopie qui conquiert deux fois
l'Egypte, d'abord par les mains du conquérant Actisane, ensuite par celles du législateur Sabbacon. Les Arabes & les Rois
de Babylone entrent tour-à-tour dans
Memphis, & y nomment des Pharaons.

Cambyſe conduit dans cette Monarchie les débris de l'armée de Cyrus, & en fait une Province de la Perſe : elle ſe ſoulève, & le ſecond Artaxerxe la fait rentrer à l'inſtant ſous ſon obéïſſance. Alexandre, Auguſte, le Calife Omar & les Mammelus, n'ont qu'à ſe montrer ſur les frontières de l'Egypte pour s'en rendre les maîtres : enfin, le Sultan Selim la ſubjugue en une ſeule campagne, & ſi jamais elle ſe dérobe au joug Ottoman, on peut prédire que ce ne ſera que pour changer d'eſclavage.

Ce qui, par rapport à cette lâcheté, qui ſemble indigène à l'Egypte, redouble l'étonnement de l'obſervateur, c'eſt que la Monarchie dont nous parlons touche, par l'iſthme de Suez, à cette Arabie qui a envoyé pluſieurs fois des conquérans en Aſie & en Europe, & qui elle même n'a jamais été ſubjuguée. On dirait que la nature a fait quelques Peuples pour obéir, & d'autres pour commander, comme elle a mis dans les forêts des cerfs pour trembler, & des lions pour être libres & pour les dévorer.

L'Egypte n'a eu qu'un moment brillant, c'eſt l'intervalle qui s'eſt écoulé entre la conquête d'Alexandre & celle d'Auguſte, c'eſt-à-dire, le temps de la domination des Ptolemées ; mais à l'époque où le Romain ſe fit libre, l'Egyptien devenait plus eſclave que jamais : l'année même du détrônement des Tarquins, la Monarchie des Pharaons était ſoumiſe par la Perſe, à un tribut réglé, & devenait une des vingt Satrapies de l'Empire de Darius.

On déſirerait peut-être une vue de la Grèce pour terminer le tableau général du monde, à l'époque de Rome République ; mais cette vue eſt déjà tracée : nous ſommes entrés dans les plus grands détails ſur les annales à jamais célèbres de toutes les Puiſſances du Peloponèſe. Nous avons vingt fois comparé les Grecs entr'eux, & il ne faut pas les comparer avec d'autres Peuples, ſur-tout avec les Romains, car il n'y a point de parallèle à faire entre les tyrans du globe & ses insti- tuteurs. Si la patrie des Camille & des Scipion peut être mise en regard avec celle des Thémistocle & des Socrate, c'est lorsqu'elle prie, les armes à la main, les Peuples qu'elle a vaincus, de l'éclairer ; c'est lorsqu'elle cache, en rougissant, de la palme des arts, les trophées sanglants qu'elle a érigés, c'est lorsqu'elle se fait un siècle d'Auguste avec les débris du siècle d'Alexandre.

Il nous suffit en ce moment de savoir que lorsque Rome semblait acquérir, en créant sa liberté, le droit de la ravir à ses rivales, le Péloponèse était au plus haut dégré de sa splendeur ; il y avait soixante & treize ans que Corinthe avait chassé ses tyrans pour se former en République; on n'en comptait que cinquante - deux depuis que Chilon, un des sept sages, avait été fait Ephore de Lacédémone, & seulement une depuis que les Brutus grecs, Harmodius & Aristogiton, avaient fait bannir d'Athènes la famille de Pisistrate.

Déjà la Perſe commençait à s'armer pour envahir la Grèce. Sardes, qui avait autrefois arrêté Cyrus devant ſes remparts, était en feu, & les torches qui l'embraſaient appellaient les exploits de Miltiade & la victoire mémorable de Marathon.

Il y avait déjà long-temps que la Poëſie, dont l'avénement précéde toujours celui de la raiſon, annonçait l'aurore du beau ſiècle de Périclès. Sapho & Anacréon avaient fleuri; Eſchyle & Pindare étaient dans la maturité du génie; trois cents ans de gloire amoncelés ſur les rides vénérables d'Homere, vengeaient ce grand homme de l'oubli de ſes contemporains.

Preſque tous les Sages de la Grèce avaient paru; des fondateurs même de ſecte, tels que les Thalès, les Xenophane, les Parmenide & les Démocrité; Pythagore, l'année même du détrônement de Tarquin, était venu conquérir à la philoſophie cette partie de l'Italie qu'on nomme la grande Grèce, & dont Rome allait bientôt devenir la capitale.

Les lumières & les arts, dont le Peloponèfe femblait déjà le foyer, trop refferrés aux frontières de l'Europe & de l'Afie, commençaient dès-lors à fe propager dans les contrées occidentales de notre continent, & allaient prouver à nos peres, encore fauvages, que l'induftrie & la raifon, qui ajoutent aux befoins de l'homme de la nature, ajoutent auffi à fes jouiffances.

Ce qui rend non moins importante la grande époque de Rome, qui fe forme en République, c'eft la fermentation prefque générale, de tous les efprits éclairés de l'Europe, qui conduifait dans le même temps les autres nations à la liberté. Archias, en Sicile, avait jetté les fondemens de l'indépendance de Syracufe ; Corynthe avait détrôné fes Defpotes pour obéir à des Prytanes ; Athènes refpirait fous le gouvernement modéré de fes Archontes, & Sparte, toujours dans l'en-

thoufiafme que lui avait infpiré la belle
légiflation de Lycurgue, toujours appre-
nant à fes Rois, par le miniftère de fes
Ephores, qu'ils n'étaient que les premiers
de fes citoyens, préparait de loin le dévoûment fublime de Léonidas aux Ther-
mopyles.

La liberté eft fi néceffaire à l'homme
qui veut faire de grandes chofes, que les
Romains eux-mêmes, à qui on ne peut
refufer, dès le temps de Romulus, un
caractère, ne furent, fous leurs Rois, que
des hommes ordinaires ; mais dès qu'il
leur fut permis d'avoir une patrie, Brutus
ceffa d'être ftupide, les Clèlie & les Scevola
parurent, & les ancêtres des Scipions &
des Pompées purent fe flatter de donner
un jour des loix à l'Univers.

NOUVELLE FORME

DE

GOUVERNEMENT

INTRODUITE DANS ROME.

CONSULAT DE BRUTUS (a).

« JE vais expofer maintenant l'Hiftoire
» d'un Peuple libre ; on y verra l'empire
» des Loix plus puiffant que celui des
» Hommes ».

(a) *Tit. Liv.* lib. 2 & 3. *Dionyf. Halic.* lib. V,
ufq. ad X, & *Plutarch.* in Vit. Publ. & in Coriol.
Tite-Live & Denys d'Halicarnaffe vont être nos
guides, depuis le Confulat de Brutus, jufqu'à l'établiffement du Décemvirat. Je préviens encore que
quand je verrai un grand coloris dans les tableaux
de Tite-Live, au lieu de l'analifer, j'aurai le
courage de le tranfcrire. C'eft un hommage que

Ainsi s'exprime Tite-Live en commençant le confulat de Brutus. Il femble

---

je ne rends, dans le cours de l'Hiftoire des Hommes, qu'à deux beaux génies, à Tite-Live & à Tacite.

Une autre obfervation que je dois faire, c'eft qu'il arrive fouvent que Tite-Live & Denys d'Halicarnaffe diffèrent entr'eux effentiellement fur les circonftances d'un fait hiftorique ; alors, quand un troifieme Hiftorien ne vient pas faire pencher la balance, je me décide par la logique naturelle ; mais je m'abftiens d'en rendre compte dans les notes, parce que de pareilles difcuffions doubleraient le nombre des volumes.

Outre les Hiftoriens qui me fervent de guides pour les faits, je fuis obligé de puifer dans d'autres fources, pour donner une idée claire de la politique de Rome, de fes loix & de fes magiftratures. Nos Savants, quand ils ont eut du goût, font à cet égard de grands maîtres, & je fais gloire d'avoir confulté, dans cette partie importante de l'Hiftoire de Rome République, *les Réflexions fur les Décades de Tite-Live*, par Machiavel ; *La grandeur des Romains & l'Efprit des Loix*, de l'illuftre Montefquieu ; *la République Romaine*, de Beaufort, & les *Mémoires* de notre Académie.

que fa plume jufqu'ici ait été gênée en
traçant l'Hiftoire des Rois. Elle va re-
prendre fon effor en écrivant les annales
de la République. L'Hiftorien ne dit ici
qu'un mot ; mais ce mot, il fallait être
Caton pour le prononcer fous le defpotifme d'Augufte.

Le début de Tite-Live tranfporte le
Lecteur dans un monde nouveau ; & ce
début eft tout à la fois fimple & fublime,
comme les premiers verfets de la Genèfe.

Le beau génie qui me fert de guide, fait
enfuite une réflexion digne de fa politique profonde. La révolution, dit-il,
arriva précifément au temps où Rome
pouvait en goûter les effets. Il eft hors de
doute que ce même Brutus, qui s'eft rendu
fi célèbre par le détrônement de Tarquin,
aurait été le fléau de fa patrie, fi l'enthoufiafme prématuré de la liberté l'avait armé
contre les prédéceffeurs de ce Defpote.
Quelle eût été en effet la deftinée d'un
amas de pâtres & d'hommes fugitifs, dans
ces remparts qu'ils regardaient comme

l'afyle le plus facré de l'Italie, fi délivrée de la terreur qu'infpire la Majefté Royale, cette multitude libre, ou comptant du moins fur l'impunité, avait eu à effuyer de fi bonne heure les orages du Tribunat? Avec quel danger n'aurait-on pas vu, dans une ville encore étrangère à fes habitans, le peuple lutter contre le Sénat, avant que les Citoyens fuffent liés entre eux, foit par les nœuds facrés qui uniffent les époux à leurs femmes, & les pères à leurs enfans, foit par ce patriotifme réfléchi que fait naître le féjour & l'habitude? La difcorde aurait fait périr l'Etat avant qu'il fût affermi fur fa bafe. Heureufement une Monarchie modérée lui permit de fe développer par des accroiffemens infen-fibles; de forte qu'il approchait de fon dernier période de vigueur, quand il recueillit les fruits heureux de fon indé-pendance.

Rome, en abattant la tête du corps po-litique, avait befoin de lui en fubftituer une autre pour pouvoir fe gouverner, &

c'est ce qui arrêta d'abord les regards, dès qu'on vit la révolution consommée. Après de mûres délibérations, on substitua le Consulat à la Royauté, & on ne fit que suivre en cela le plan de République tracé dans les papiers de Servius Tullius, hommage bien plus flatteur pour la mémoire de ce grand Homme, que l'érection d'une statue.

Servius Tullius, comme nous avons eu occasion de l'observer dans tout le cours de son règne, pensait que le Gouvernement le plus fait pour rendre heureux l'homme social, était une Aristocratie moderée, & c'est d'après ce principe qu'il imagina ses fameuses assemblées nationales par centuries; l'esprit de ce Roi parut lui survivre dans Rome, lors même qu'elle eut chassé ses Rois. Comme la Noblesse avait eu la plus grande part à la révolution, elle eut soin, toujours en voilant sa politique du nom respecté de Servius, d'étendre le cercle de ses prérogatives. Devenue maîtresse absolue du Gouvernement, elle partagea entre les Membres de fon Corps les diverfes branches de l'autorité royale qu'elle fupprimait. Elle fe réferva en particulier la puiffance exécutrice, fans laquelle le droit de légiflation n'eft qu'un vain fantôme, & elle y joignit tout ce qui peut imprimer de la vénération ou de la terreur à la multitude, c'eft-à-dire, les grandes Magiftratures, les Dignités & les Sacerdoces.

Le Confulat feul, affecté à cette époque à la Nobleffe, fuffifait pour remplir fes vues ambitieufes. Les prérogatives dont les fucceffeurs de Romulus avaient joui, celles mêmes qu'ils avaient ufurpées, en un mot, tout le pouvoir du Sceptre était réuni dans cette Magiftrature ; feulement pour ne point effaroucher un peuple jaloux de l'ombre même de fa liberté, on nomma deux Confuls, qui, par leur rivalité naturelle, furveilleraient le defpotifme, & on limita l'exercice de leur place à un an ; tout, jufqu'au titre modefte qu'on leur donna, annonçait l'horreur générale pour la tyrannie. On leur apprenait, par ce titre, non qu'ils étaient Souverains, mais seulement le Conseil de la République.

Au premier moment de la révolution, les deux Consuls eurent l'imprudence de prendre, à l'exception du Sceptre & de la Couronne, toutes les marques de dignité dont les Rois de Rome avaient été revêtus. Telles étaient la robe de pourpre, la chaise curule, les faisceaux & les haches, & le cortège des douze Licteurs. On ne tarda pas à s'appercevoir que la multitude, qui juge toujours du pouvoir de ses Maîtres par leurs décorations, prenant ombrage d'un pareil faste, s'imaginait qu'en lui ôtant un Roi, on lui en avait donné deux. Alors il fut arrêté qu'un seul des deux Consuls ferait porter devant lui les faisceaux armés de haches, symbole du pouvoir de vie & de mort qu'il avait sur ses Concitoyens, & que les Licteurs qui précéderaient son Collègue ne tiendraient à la main que des faisceaux sans haches.

Pour établir une égalité parfaite entre ces deux Magiftrats fupérieurs, chacun, de mois en mois, ajoutait excluſivement la hache à ſes faiſceaux.

Cependant ce droit terrible de hache qui rappellait tous les excès du pouvoir arbitraire, où Tarquin s'était livré, effarouchait encore un peuple défiant & ombrageux. Dès la première année de la nouvelle Adminiſtration, Valère, le plus populaire des Conſuls, fit ôter tant qu'il ſe trouva dans l'enceinte de Rome, les haches, des faiſceaux, pour prouver qu'il ne prétendait pas exercer ſur le Peuple-Roi ſon droit de vie & de mort. Ses ſucceſſeurs, à ſon exemple, n'eurent des Licteurs armés de haches, que quand ils marchaient contre l'ennemi : car alors la difcipline militaire demandait tout l'appareil deſtiné à inſpirer la terreur. Le même Valère eut la politique de faire baiſſer les faiſceaux devant l'aſſemblée du peuple, comme un hommage rendu à ſa Souveraineté.

Malgré toutes ces modifications données au pouvoir consulaire, il parut
effrayant entre les mains de ceux qui furent
tentés d'en abuser. Un Consul présidait
le Sénat, représentait le peuple assemblé,
& avait une inspection générale sur toutes
les Magistratures. Le trésor public était à
sa disposition ; il levait les armées, &
traitait avec les Ambassadeurs des Puissances. Quelques entraves que les Tribuns
du peuple missent dans la suite à l'exercice d'un pareil pouvoir, nous verrons,
dans la suite, qu'il en resta assez aux
Marius, aux Sylla, & aux Césars, pour
renverser la République.

La plupart même des moyens employés
par la Noblesse, pour voiler la dégéné-
ration du Gouvernement en pure Aristocratie, étaient illusoires. Le peuple élisait
ses Consuls ; mais il ne pouvait les choisir
que dans l'ordre des Patriciens : & grace
à cet esprit de Corps, qui maîtrise les
Compagnies les plus libres de préjugés,
le même Candidat, qui venait d'aduler

les

les Plébeyens pour parvenir au Confulat, dès qu'il étoit élu, devenait leur Tyran, comme s'il voulait les punir d'avoir voulu le rabaiffer, en pliant un moment fa fierté à des baffeffes.

La reffource qu'on imagina dans la fuite contre le defporifme des Patriciens, en aggrégeant quelques Plébeyens à l'ordre de la Nobleffe, ne remplit point l'attente des Légiflateurs, parce que ces nouveaux parvenus, méprifés par le Sénat qui les adoptait malgré lui, n'y eurent aucun crédit ; ils perdirent même, par cette aggrégation, qui infpirait de juftes défiances, jufqu'à l'afcendant qu'ils avaient fur l'efprit de la multitude.

Les Chefs de l'Ariftocratie Romaine furent, comme on s'en doute bien, les plus implacables ennemis du Trône qu'on venait de renverfer ; c'eft-à-dire, Junius Brutus & Tarquin Collatin, le mari de Lucrèce. Ce premier Confulat ayant commencé à la fin d'une année, fut prorogé l'année fuivante, & fe trouva ainfi de feize mois, s'il faut croire à la chronologie de Denys d'Halicarnaffe.

Brutus ayant donné une patrie à fes Concitoyens, chercha à confolider fon ouvrage. Il favait quelle eft l'inconftance du peuple des Républiques; combien il eft aifé à un Orateur adroit de mener, avec fon imagination, tous ces automates qui refteraient dans l'inertie fans l'impulfion étrangère qui les fait mouvoir. Alors il réfolut d'enchaîner les Romains au nouveau Gouvernement qu'ils venaient d'adopter, & de les forcer finon à être tranquilles, du moins à être libres & heureux. Les Etats Généraux de la Nation furent affemblés à cet effet. Là on confirma la fentence qui profcrivait la Maifon Royale des Tarquins; &, pour donner plus de folemnité à cet acte terrible, on appella la Religion au fecours de la Politique. Le grand Pontife vint, avec le cortège de tous fes Miniftres facrés; il fit dreffer un autel, offrit des victimes, & les deux Confuls jurèrent entre ses mains, pour eux & pour leur postérité, non seulement de ne jamais rappeller les Tarquins, mais encore de ne jamais souffrir personne sur le Trône de Romulus. Ainsi après avoir proscrit les Rois, on proscrivit la Royauté. La cérémonie religieuse se termina, en dévouant aux Dieux infernaux le téméraire qui tenterait de rétablir la Monarchie. Le Sénat & le peuple répétèrent le serment des Consuls ; & de ce moment, la haine des Rois devint le caractère dominant des Romains, qui ne purent en souffrir le nom, lors même que sous les Césars ils en admirent la réalité.

L'unique sacrifice que les Légiflateurs firent, à la mémoire de Numa & de Servius, qui, quoique Rois, avaient été véritablement de grands Hommes, fut d'attacher ce titre de Roi, qu'ils avaient porté avec gloire, à la place d'un Sacrificateur. Mais afin que ce Prêtre-Roi ne se prévalût point de son nom pour usurper une couronne proscrite à jamais, on le subordonna au grand Pontife, & on lui défendit de haranguer le peuple & d'exercer aucune Mgiftrature.

Brutus, après avoir banni ainfi tous les anciens objets du culte des Romains, pour placer l'idole de la liberté dans le Sanctuaire, fongea à remplir les vuides que la tyrannie du dernier Tarquin avait faits dans le Sénat, dont un grand nombre de membres avaient terminé leur vie dans l'exil ou par le fuicide. Le nouveau Légiflateur, pour rendre à cette Compagnie fa vigueur primitive, lui aggrégea les plus diftingués de l'Ordre des Chevaliers, & porta ainfi à trois cents le nombre des Sénateurs, qui fe trouvaient réduits à cent quarante à l'époque de la révolution. On prétend que telle eft l'origine du mot de *confcrits*, réuni à celui de *pères*, dans la formule de leur convocation. Le Héraut défignait ainfi les cent foixante Sénateurs qui avaient été ajoutés au tableau. Dans la fuite, le titre de *pères-confcrits* fut donné indiftinctement

à tous les Membres du Sénat affemblé,
comme on le voit par les harangues de
Denys d'Halicarnaffe, de Polybe, & de
Tite-Live.

Le nom de Brutus paraît prefque feul
dans l'Hiftoire de cette nouvelle Légiflation de Rome : cependant Collatin par-
tageait avec lui, fous le titre de Conful,
le pouvoir fuprême ; mais né fans cet
enthoufiafme qui, chez un peuple neuf,
commande les grands évènemens, & plus
fait pour recevoir l'impulfion de l'homme
de génie que pour la donner, il fe laif-
fait entraîner par la révolution plutôt qu'il
ne la dirigeait. De tels hommes convien-
nent aux Monarchies modérées ; mais
n'ont aucune influence dans une République naiffante. Collatin, outre ce dé-
faut de génie, portait le nom de Tarquin,
nom finiftre & qui femblait attaquer du
moins le fimulacre de la liberté. Quand
Brutus vit la fermentation générale, que
ce nom, tout dégradé qu'il était, faifait
naître, il convoqua le peuple, & fit la

lecture du ferment folemnel par lequel Rome s'était engagée à profcrire à jamais de fon fein la Monarchie ; tout le monde était dans l'attente de ce qui devait fuivre ce préambule terrible ; alors promenant fes regards pleins de feu fur la multitude, & les ramenant vers Collatin, qui était affis à fes côtés, « O mes Conci-
» toyens, dit l'Orateur véhément, c'eft
» à regret que je vous infpire de la dé-
» fiance pour un Collègue qui a droit à
» votre eftime ; mais l'amour de la patrie
» l'emporte. Non, jamais Rome ne fera
» libre, tant qu'elle verra un rejetton de
» la Maifon Royale des Tarquins, non
» feulement refpirant en paix dans fon
» enceinte, mais encore revêtu du pou-
» voir terrible de vie & de mort. Collatin,
» pardonne à ma franchife ; mais tu es,
» fans le favoir, un obftacle éternel à
» notre félicité. Tu as chaffé les Rois,
» nous faifons gloire de cet aveu ; cou-
» ronne ton ouvrage, en ôtant du milieu
» de Rome jufqu'à ce nom finiftre de

» Tarquin, qui lui fait ombrage. Les
» hommes que tu as rendus libres fatis-
» feront à tous tes défirs avec la plus
» grande magnificence. Quitte, avec notre
» amitié, cette Rome où tu règnes en-
» core ; &, quelque peu fondée que foit
» notre défiance, que ta grandeur d'ame
» ofe nous en délivrer. Tant qu'il y a ici
» un Tarquin, il ne peut y avoir de
» République ».

Cicéron, dans un de fes traités philo-
fophiques (a), examine ce grand problême
de morale, que Brutus ofa réfoudre contre
Collatin, & l'Orateur décide comme le
Héros. *Quand Brutus, dit-il, ôta le Confulat à fon Collègue, il parut commettre
une injuflice ; mais les Chefs de la République ayant réfolu d'anéantir jufqu'au nom
de Tarquin, pour effacer tout veflige de
Royauté, & cette réfolution n'étant pas
moins honnête qu'utile, Collatin devait s'y
foumettre de plein gré. L'utile pour lors ne*

(a) *De Officiis*, lib. 3.

l'emporta que parce qu'il se trouva joint à l'honnête, sans quoi il n'aurait pas même été utile.

Cicéron décide la question d'après les maximes Républicaines. Il ne fait pas attention que la morale, qui fixe les idées d'honnête & d'utile, est antérieure à la formation des Républiques.

Ou Collatin était Membre de la nouvelle patrie, ou il ne l'était pas : s'il l'était, pourquoi le forcer à s'en bannir? S'il ne l'était pas, pourquoi lui déférer la première des Magistratures ?

Collatin était Romain, sans doute, dans toute la force des idées républicaines : car s'il n'avait pas prêté le nom de l'époux de Lucrèce à la vengeance politique de Brutus, il n'y aurait point eu de révolution. Mais puisque Collatin avait une patrie, & que la patrie est tout pour les ames bien nées, du moment qu'on la lui ôtait, on lui infligeait la plus grande peine, s'il était coupable ; ou s'il ne l'était pas, on lui faisait la plus grande injustice.

L'époux de Lucrèce, comme Rome en faisait l'aveu, n'avait d'autre crime que de porter un nom qui était odieux à ses Concitoyens. Mais n'était-il pas plus simple de lui ôter solemnellement ce nom à jamais avili, que de le punir de tous les crimes que ce nom supposait, suivant les préjugés des têtes républicaines ?

L'honnêteté est la même dans les rapports de l'Etat au Citoyen, ou dans ceux de l'individu à l'individu, parce que la morale toujours immuable, ne se plie point aux besoins momentanés d'un Gouvernement, ni au caprice d'un Légiflateur. Il fallait, pour sauver l'honneur de Rome, que Collatin, de son propre mouvement, se dévouât, comme Codrus ou Léonidas, pour ôter à ses Concitoyens leur défiance, toute injuste qu'elle pouvait être ; mais du moment que le projet vient de Brutus, c'est un acte de tyrannie : du moment que Collatin n'est pas un homme sublime, Rome est coupable d'un grand crime au tribunal de l'humanité.

Il s'en fallait bien, fait entendre Tite-Live, que Collatin fût un homme sublime. La harangue de Brutus fit sur lui l'effet qu'elle devait faire sur tout homme faible & sans caractère. L'étonnement l'empêcha d'abord d'y répondre ; ensuite quand il ouvrit la bouche pour se justifier, les principaux de Rome entourèrent son tribunal, & lui tinrent un langage aussi désespérant que le Consul. Ces instances cruelles firent peu d'impression sur son esprit ; il ne se laissa ébranler que quand il vit Lucrétius, son beau-père, homme aussi respectable par son âge que par les dignités dont il était revêtu, prendre parti contre lui dans cette espèce de conjuration d'une ville entière contre un de ses Concitoyens. Appréhendant alors que l'année de son Consulat expirée, on ne lui ôtât tous ses titres & qu'on ne le bannît avec ignominie, il abdiqua la suprême Magistrature, sortit de la ville, & se retira, avec tous ses effets, à Lavinium.

Denys d'Halicarnasse ajoute à ce récit une circonstance bien peu honorable, soit pour Rome, soit pour Collatin ; c'est que pour indemnifer l'infortuné mari de Lucrèce de son sacrifice, l'Etat le gratifia d'une somme de vingt talents ; comme si l'or pouvait être l'équivalent d'une patrie ! comme si un Etat devait avoir la dureté d'offrir au Citoyen, qui vient de le gouverner, l'indemnité aviliffante qu'un maître offrirait à son efclave ! Il eft vrai que Rome eft prefque juftifiée d'avoir donné vingt talents à Collatin, puifque Collatin eut la baffeffe de les recevoir.

Un des derniers évènemens mémorables du Confulat de Brutus, eft le traité de navigation & de commerce, conclu entre Rome & Carthage. C'eft la première fois qu'on voit paraître enfemble fur la fcène ces deux Républiques, qui devaient un jour fe difputer l'empire du monde. Le traité original nous a été confervé par Polybe, & nous allons le tranfcrire pour donner une idée précise de la domination romaine à l'époque de la révolution.

« Il y aura entre Rome & Carthage & » leurs Alliés respectifs, un traité d'al- » liance dont voici les conditions :

» Les Romains ni leurs Alliés ne diri- » geront leur navigation au-delà du beau » promontoire, à moins qu'ils ne soient » poursuivis par un ennemi vainqueur, » ou que leurs vaisseaux ne soient battus » par la tempête. S'ils pénètrent ainsi » malgré eux dans ces parages, ils en » partiront au bout de cinq jours, sans » qu'il leur soit permis, dans l'inter- » valle, de rien prendre ou même acheter » sur la côte, si ce n'est ce qui est préci- » sément nécessaire pour le radoubement » d'une flotte, ou pour l'exercice public » de la Religion.

» Les Commerçans des mêmes Nations, » quand ils viendront trafiquer à Car- » thage, ne payeront aucun droit, si ce » n'est les petits frais du crieur public & » de l'Ecrivain, & tout ce qui sera vendu

» en préfence de ces deux témoins, aura
» pour le commerçant étranger la garantie
» de la foi publique.

» Quand au trafic qui fe fera en Sar-
» daigne ou en Afrique... (*Ici il y a une
lacune dans le texte original.*)

» Lorfque les Romains aborderont en
» Sicile, ils y feront fous la protection
» des loix, & les Magiftrats leur ren-
» dront juftice avec la plus grande in-
» tégrité.

» De leur côté, les navigateurs de
» Carthage s'abftiendront de faire aucun
» dégât fur le territoire des villes d'An-
» tium, d'Ardée, de Laurente, de Cir-
» cée, de Terracine ; en un mot, de
» toute la partie du Latium qui eft fous
» l'obéiffance des Romains. Ils refpecte-
» ront jufqu'aux Puiffances de cette con-
» trée qui font indépendantes. S'ils
» prennent quelque ville dans le Latium,
» ils la rendront aux Romains, fans avoir
» touché à fes remparts ou à fes édifices.
» Ils ne bâtiront dans cette partie de

» l'Italie, aucune forteresse ; ou s'ils la
» traversent à main armée, ils n'y séjour-
» neront pas une seule nuit, pour ne
» point allarmer le peuple qui y exerce
» le pouvoir Souverain (a) ».

On voit par ce traité, que la domination de Rome, sous le Consulat de
Brutus, s'étendait sur toute la côte depuis le Tibre jusqu'à Terracine. L'ancien
Latium lui était soumis presqu'en entier.
Ses limites, du côté de la Sabine, étaient
fixées par la petite ville de Régille ; mais
elle ne possédait, de toute l'Etrurie, que
le Janicule, situé à vingt stades de ses
remparts. Terracine est de toutes les pos-
sessions romaines, la plus éloignée de la
capitale ; & selon l'itinéraire d'Antonin,
la distance des deux villes n'était que de
soixante milles d'Italie ; d'où il résulte
que notre grand Duc de Toscane a une
Souveraineté plus étendue que Rome à
l'époque de sa formation en République.

____

(a) *Polyb.* lib. 3 cap. 5.

Fin du second Volume.

TABLE

DES CHAPITRES

DU TOME DEUXIÈME

DE L'HISTOIRE DE ROME

RÉPUBLIQUE.

Règne de Tullius-Hoſtilius ; combat des Horaces & des Curiaces ; deſtruction d'Albe & de ſa monarchie.   1

Règne ſans évènemens d'Ancus-Martius ; inſtitutions & monumens du premier des Tarquins.   31

Révolution qui donne le Trône de Rome à Servius-Tullius.   44

Dénombrement du peuple Romain , & réformes dans ſa Légiſlation.   51

Aſſaſſinat de Servius-Tullius. Nouvelle révolution.   69

Tyrannie de Tarquin-le-Superbe, ses triomphes militaires & ses monumens. 81

Histoire de Brutus, & suicide de Lucrèce. 100

Révolution qui ôte le Trône à Tarquin. Dissolution de la monarchie Romaine. 116

Fastes de l'ancienne Italie, & de Rome sous les Rois.   135

Fastes consulaires, tirés des marbres du Capitole, pour l'intelligence de la chronologie de Rome République.   167

Tableau du monde, à la naissance de Rome République.   233

Nouvelle forme de Gouvernement introduite dans Rome. Consulat de Brutus.   296

Fin de la Table.

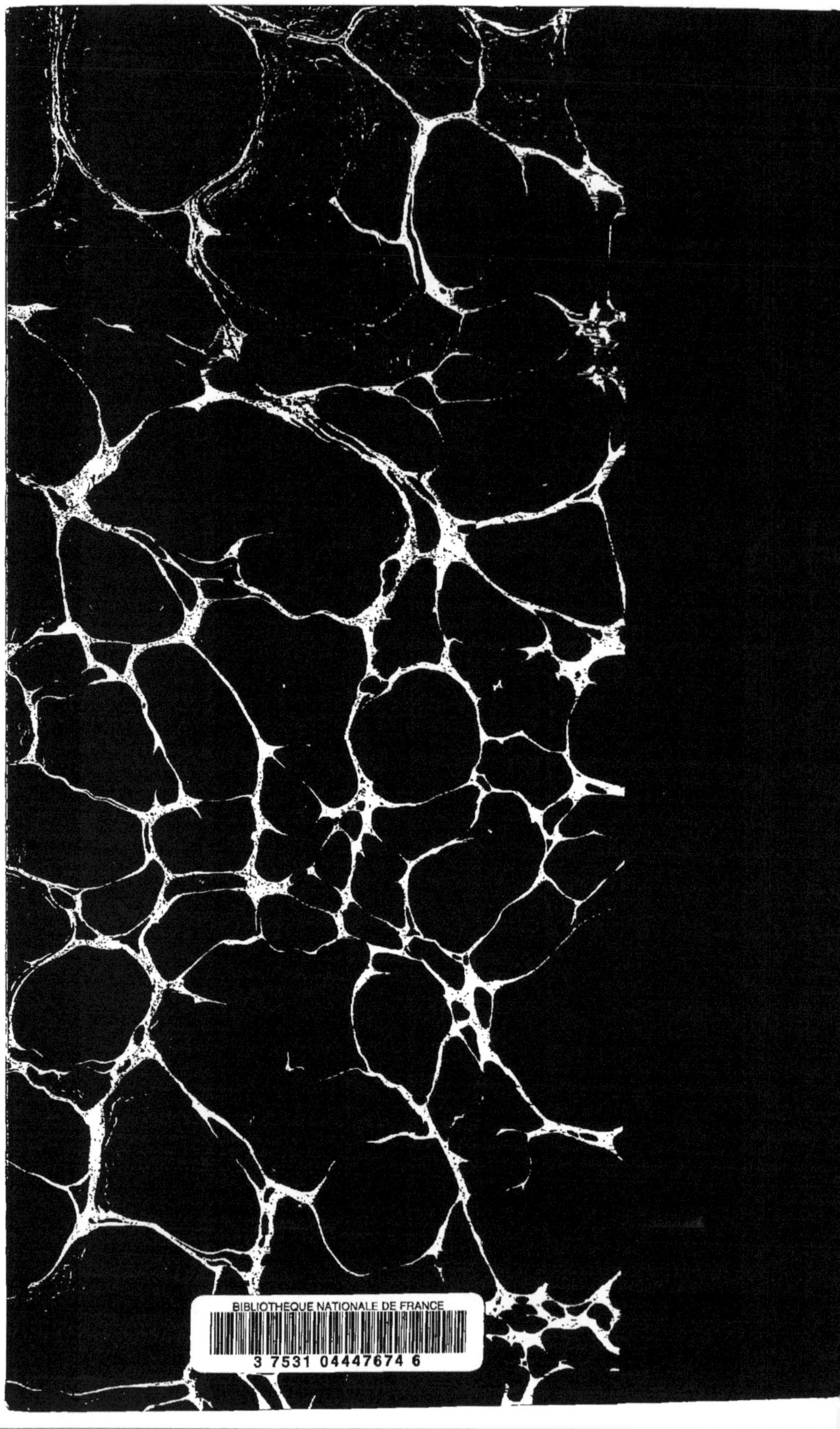